Living with coffee

淹れる・選ぶ・楽しむ

コーヒーのある暮らし

⑭ 池田書店　丸山珈琲　鈴木 樹（すずきみき）＝監修

002

コーヒーを淹れることが
毎日の楽しみになる

カフェなどで美味しいコーヒーを
飲むことも楽しいけれど、
自分の家で、自分好みのコーヒーを淹れられたら
もっと楽しいと思いませんか?
ちょっとしたコツを押さえておけば、
美味しいコーヒーは簡単に淹れることができます。
一緒にコーヒーの知識や
表現を深めていきましょう。

003

How to Use

この本の楽しみ方

自宅やカフェでコーヒーを楽しむ
ための知識が詰まった一冊。
初心者から上級者まで、この本で
次のようなことが楽しめます。

コーヒーの基礎知識が
身につく

コーヒーはいつから飲まれるようになったのか、
コーヒーのランクとは何なのか、
さまざまなコーヒー豆の生産地があるけれど、
それぞれどんな特徴があるのか。
コーヒーを楽しむために知っておくと
便利な知識を紹介します。

自分好みのコーヒーが
見つかる

いろんな種類の豆があるけれど、
どれが自分好みかわからない人も多いでしょう。
どこで豆を買ったらいいのか、
好きな豆の種類の伝え方、
味覚だけじゃなく視覚で楽しめる
方法もあるんです。

Miki's Voice

私がおすすめするポイ
ントも紹介します。

自宅でコーヒーを
淹れたくなる

カフェで飲むコーヒーも美味しいけれど、
自分好みの豆を買ってきて、
自分好みのコーヒーを淹れたくなりませんか？
まずはこれだけ揃えておけば大丈夫という
道具を紹介します。実は豆の量り方が重要なの、
知っていましたか？

Chapter 4 美味しいコーヒーが淹れられる

これまでインスタントコーヒーしか
淹れたことがない人も、
コーヒーを淹れてみたもののなんとなく
物足りなく感じている人も、
ちょっとしたコツを知っておくだけで、
香り漂うコーヒーが淹れられます。
特別な道具は必要なし！

Chapter 5 ブラックだけじゃないコーヒーも楽しめる

美味しいコーヒーを淹れられるようになったら、
アレンジコーヒーにチャレンジしてみませんか？
ほっとしたいとき、シャキッとしたいとき、
友だちと楽しみたいとき……。
いろんなシーンに合わせたコーヒーを
淹れてみましょう。

Chapter 6 食べ物との意外な組み合わせを知る

コーヒーを飲むときに合わせるものは、
ケーキなどの甘いものだけではありません。
まるでワインを楽しむように、
コーヒーも豆の種類や焙煎度で合う食べ物が違うんです。
美味しさのかけ算をお教えします。

Introduction
はじめに

新しい生活のなかで
コーヒーが幸せを運んでくれる

「コーヒーでも淹れようか」
新しい生活様式で暮らすなかで、思わず口にすることが増えたフレーズです。自宅でコーヒーを飲む機会が増えたという人は少なくないのではないでしょうか。

私はコーヒーの仕事に就いて15年近くが経ちます。これまでずっと、身近にコーヒーがある生活を送ってきました。寝ても覚めても、コーヒーのことを考える日々です。コーヒーにどっぷり浸かった生活をこれまで送ってきました。

しかし、私たちの生活を一変させた新型コロナウイルス。この影響により、私も自宅で過ごす時間が増えました。そこで改めて感じたのは

丸山珈琲 バリスタ

鈴木 樹

コーヒーの持つパワーの強さです。

　コーヒーを淹れること、飲むことで心がほぐれ、活力がチャージされます。いつも飲むコーヒーが美味しいだけで、幸せが感じられます。そしてこの幸せは、もっと多くの方と分かち合えるものと信じています。

　これまでコーヒーを楽しんできた人、これからコーヒーを楽しみたいと思っている人などさまざまだと思います。この本は、なかなか新たな一歩が踏み出せない、そんな方へ一助になることを祈っています。そして、コーヒーを飲むたびに少しでも幸せを感じていただけたら嬉しいです。

Contents

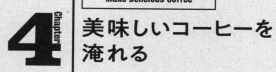

Make Delicious Coffee

Chapter 4 美味しいコーヒーを淹れる

095

Enjoy Coffee with Foods

コーヒーをもっと楽しむ
フードペアリング

173

Basic Coffee Knowledge

Chapter 1

知っておくとより楽しい
コーヒーの基礎知識

History of Coffee

コーヒーの魅力を
発見したのは誰？

人類が見つけた小さな赤い実が
やがてコーヒーという
奇跡の飲み物になりました。
どこで発見され、どうやって
世界へ広まったのか、紐解いてみましょう。

マルティニーク島

ブラジル

コーヒーの原料となるコーヒー豆は"コーヒーノキ"という植物の種子から作られます。コーヒーノキはアカネ科コフィア属の常緑樹で、1年に1〜2度花をつけ、花が落ちるとコーヒーチェリーと呼ばれる赤い実がなり、この中の種子がコーヒー豆です。

最初にコーヒーを飲んだのは誰だったのか。諸説ありますが、イスラム圏、特に聖職者の間で飲用が始まった伝説が有力です。代表的なものを2つ紹介しましょう。

1つめはアビシニア（現在のエチオピア）に伝わる話。カルディという山羊飼いが、ある日、赤い実を食べて興奮する山羊たちに気づきます。自ら食べてみたところ、爽快な気分になり、以来、近所の修道院では、この実の汁を儀式の際の眠気覚ましに利用した、というものです。

2つめは、イエメンの町・モカでの話。イスラム修道者オマーンはある不祥事で町を追われ、山中の洞窟で暮らしていました。ある日、美しい鳥に導かれ発見した赤い実を煮出して飲むと、空腹や疲れが癒され、これを人々に教えたというものです。

コーヒーノキの中でも高品質とされるアラビカ種「ティピカ」の原産地は、伝説に出てくるアビシニア高原だといわれています。ここに自生していた原種がイエメンに移植され、1600年ごろ、インドに伝わり、ジャワ島へ伝播し、西インド諸島を経て中南米諸国へ広がりました。

時代不詳
（コーヒー起源伝説）＞

山羊飼いカルディが
赤い実を食べる山羊を見て、
コーヒーの効用を知る

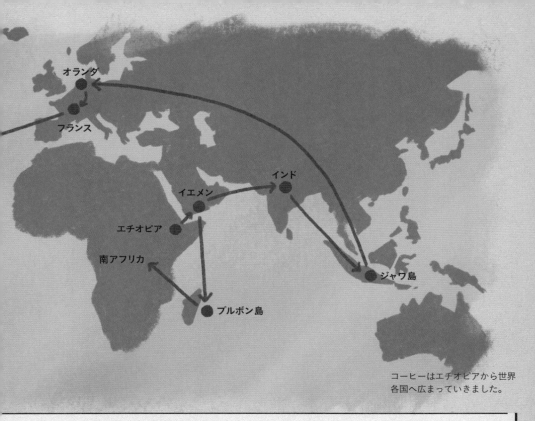

コーヒーはエチオピアから世界各国へ広まっていきました。

コーヒーの歴史

14世紀 >	16世紀 >		17世紀 >	18世紀 >

山中で赤い実を煮出して飲み、空腹をしのぐイスラム修道者オマーンが

煮出して飲むようになるイスラム世界で生豆を煎って、

のちに農作物として栽培されるようになるイエメンに移植されるコーヒーの原種(ティピカ)がアビシニア高原に自生していた

コーヒーの種子がインドへ伝えられる巡礼者ババ・ブーダンによって

植物園へ持ち込まれるイエメンからアムステルダムの

インドからジャワ島へ伝えられるオランダの東インド会社によって

ルイ14世に献上されるアムステルダムの植物園から

伝えられ、「ブルボン」が生まれるブルボン島(現在のレユニオン島)にイエメンからマダガスカル島東方の

その後、カリブ海諸国、中南米に広がるマルティニーク島へ持ち出すフランス人の海軍士官が

ブラジルに持ち込まれるブラジルの官吏によりフランス領ギアナを訪れた

How Coffee are made

コーヒー豆が コーヒーに なるまでの道のり

コーヒーには「from seed to cup」
という考え方があります。
カップの風味が
素晴らしい美味しさになるためには、
一貫した体制・工程・品質管理の
徹底が大切です。

1 種まき

コーヒーの種子は、直接畑にはまかず、
管理・保護された苗床や苗ポットに播種
される。1ヵ月半程度で発芽して40〜
60cmの高さになったら畑に植え替える。

4 結実

実は6〜8ヵ月後、熟して赤くなる。黄
色やオレンジ色になる品種もある。赤く
熟した様子がサクランボに見えるため、
この実を「コーヒーチェリー」とも呼ぶ。

7 脱穀・選別

1〜2ヵ月寝かせてから、脱穀機で生豆
を取り出す。生豆から欠点豆、小石、枝
などを取り除き、サイズ別に分ける。
欠点豆：発育不良や虫食いがあるもので、味わ
いを損ねる原因となる。

8 カッピング

農園や生産処理場・輸出業者ごとにコー
ヒーのテイスティングを行う。実際にコ
ーヒーを淹れて味わい、香味などが輸出
基準に達しているかどうかを判断する。

2　育成

植え替えた苗木は3〜5年程度で成木となる。コーヒーノキの日照量の調整や防寒などの目的で、「シェードツリー」を植えることもある。

3　開花

雨季に入り、雨が降るとジャスミンのような芳香を漂わせて真っ白な花が咲き、花が枯れると緑色の実をつける。開花は年に1〜2度が一般的。

5　収穫

完熟した実を選んで収穫。枝によって成熟時期が異なり、優良農園では丁寧に手摘みされるが、大規模農園では機械で一気に収穫することもある。

6　生産処理

コーヒーチェリーの種子を取り出す処理方法は、主にナチュラル（自然乾燥式）とウォッシュト（水洗式）、パルプトナチュラル（半水洗式）がある。

9　出荷

生豆を袋詰めして出荷。麻袋が伝統的。長時間輸送に備えてビニール袋と麻袋で二重にする方法や、高品質なコーヒーには真空パックを利用することもある。

10　私たちのもとへ…

生産国から船に乗り、1ヵ月程度をかけて生豆が世界中に届けられる。ここからは焙煎・粉砕・抽出によってコーヒーの味わいが決定していく。

Producers of Coffee

生産者による
こだわりポイント

産地国によってはもちろん、
地域や農園、生産者によっても
コーヒー作りのこだわりは千差万別。
ここでは、注目度の高い
4人の生産者を紹介しましょう。
（品種の詳しい説明はP30）

#02
飽くなき探求心で
革命を起こす!

name
Marysabel Caballero
マリサベル・カバジェロ

from
Honduras / El Puente
ホンジュラス／エル・プエンテ農園

素晴らしい土地と真摯な農園への取り組みによる甘く華やかな味わい

Miki's Voice

ここ数年、コーヒーの生産量、
品質ともに向上しているポテン
シャルの高いホンジュラス。そ
んな環境下、幼少期からコーヒ
ー生産に携わってきたマリサベ
ル氏は、栽培方法や生産処理方
法をコツコツと研究し、2016年、
ホンジュラスのCOEで見事1位
を獲得しました。当時のオーク
ションでCOE史上最高価格を
更新したことで国内のコーヒー
産業も一気に活性化。現在もト
ップを走りゲイシャやカトゥア
イなどを栽培しています。

＊COE 「カップ・オブ・エクセレンス」
という品評会のこと。各国で行われる。

#01
丁寧な生産処理で
伝統のブルボンを
守り育てる

name
Paul Starry
ポール・スタリー

from
Guatemala / San Gerardo
グアテマラ／サン・ヘラルド農園

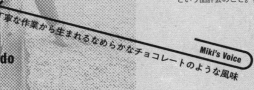

丁寧な作業から生まれるなめらかなチョコレートのような風味

Miki's Voice

グアテマラシティから車で1
時間の高所に広がるポール氏の
農園では、伝統の品種ブルボン
が栽培されています。繊細で病
気に弱く、近年は標高の高い地
域でも被害が出ており、病気に
強い品種に切り替える農園が多
い中、ポール氏はブルボンを愛
し、生産を続けています。完熟
したチェリーを丁寧に手摘みし、
豆をしっかり洗い、乾かすこと
で味をきれいにするのが彼のこ
だわり。生産処理のおかげで乾
燥状態がよく、出荷後さらに味
がよくなる特徴を持ちます。

#03

ボリビアの
未来を担う
コーヒー農園主

name
Pedro Rodriguez
ペドロ・ロドリゲス

from
Bolivia / Las Alasitas
ボリビア／ラス・アラシータス農園

ボリビアは小規模農園が多く、近代化も遅れ、近年ではコーヒー生産量が激減していました。この状況に危機感を抱いたペドロ氏は、2012年、自社農園の経営に着手。近代的な農法を取り入れつつ、品質の向上も心がけ、見事成功を収めました。彼の手がけるラス・アラシータス農園では、山の地形に沿って秩序的にコーヒーノキが植えられ、大粒で驚くほど甘いコーヒーチェリーが育っています。現在は12の農園を所有し、ゲイシャ、ジャバ、カトゥーラを栽培しています。また、若い意欲ある生産者を募り、彼の成功のノウハウを共有するプロジェクト「ソル・デ・ラ・マニャーナ」がスタートするなど、常に意欲的な取り組みを行い、ボリビアンコーヒーの牽引者とされています。

テロワール、品種、近代的な農法への挑戦が作る個性豊かな味

Miki's Voice

Miki's Voice

さまざまな果実を思わせるフルーツバスケットのような複雑な味わい

#04

妥協を許さぬ姿勢が
高品質の豆を生む

name
Jaime Cardenas
ハイメ・カルデナス

from
Costa Rica /
Sin Limites Micromill
コスタリカ／
シン・リミテス・マイクロミル

コスタリカの街が一望できる高所に自宅を構えるハイメ氏。優良マイクロミルがひしめくウエストバリー地区にあり、コーヒー豆作りにかける情熱は人一倍。丁寧できめ細やかな作業を信条にしています。たとえば、豆の乾燥場はコンクリート敷きで土足は厳禁。作業の際には手袋をはめ、四つん這いになり、不要物や欠点豆を丹念に排除していきます。「自分の目と手が行き届く範囲で豆を作りたいから規模は広げない」というストイックな姿は、そのまま、柔らかで甘味のある香り高いコーヒーの味に反映されています。扱う品種はSL28、ビジャサルチ、ゲイシャなど。生産量が少ないこともあり、今や世界中のバイヤーが奪い合う、大変希少価値の高いコーヒー豆です。

Coffee
and
Japanese

コーヒーと
日本人の出合い

日本におけるコーヒーの消費量は
今や世界トップクラスですが、
初めてコーヒーを飲んだ日本人は
未知の味にかなり驚いたよう。
それはまさに文明開化の味でした。

江戸時代、鎖国をしていた日本にとって、唯一、外国との窓口だったのが長崎出島。最初にコーヒーを飲んだ日本人は、おそらくそのオランダ商館に出入りしていた通詞（通訳）だろうといわれています。幕末になり、蘭学者などがヨーロッパ文化への関心からコーヒーを味わい、効能を紹介し、輸入も始まります。しかし、日本人の嗜好にはそれほど合っていなかったようで、狂歌師・大田南畝によれば、「焦げ臭くて飲めたものではない」という飲み物でした。

開国後、横浜の外国人居留地の西洋人を中心に、国内でもコーヒーが飲まれるようになり、1888年には上野に本格的なカフェ「可否茶館」が開店します。明治末になると一般の人も洋食やコーヒーを口にする機会が増えます。銀座にオープンした「カフェ・パウリスタ」は本格的なコーヒーを安価に提供したため、ハイカラ好きな文化人や芸術家が集い、日本のコーヒー文化がようやく花開きました。

昭和になり戦争の足音が聞こえてくると、コーヒーは「敵国飲料」とみなされ、1942年には輸入が全面停止。輸入が再開されたのは、終戦から5年後の1950年のことです。アメリカで開発された「インスタントコーヒー」が紹介されると、その手軽さが受け、国内でも続々と製造が始まり、一気にコーヒーは日本人の間に定着していきました。

17世紀 >

長崎出島でコーヒーが
飲まれたのが
日本最初だと伝わる

缶コーヒーの産みの親も日本人！

誰でも気軽に飲めるコーヒーの代表格、缶コーヒー。その考案者は、UCCの創業者、上島忠雄氏だ。駅の売店で瓶入りコーヒー牛乳を飲んでいた上島氏は、列車のベルが鳴り、飲み残しを店に戻すことを残念に思い、「缶にすれば持ち運べるのに」とひらめいた。こうして、1969年、世界で初めての缶コーヒーが考案された。現在では1年に100億本もの缶コーヒーが日本で飲まれている。

日本のコーヒーの歴史

18世紀後半〜19世紀前半	1844年ごろ	1888年	1911年	1942年	1950年	1953年	1960年	1969年	2003年
幕臣や儒学者、蘭学者が徐々にコーヒーを体験	コーヒーの輸入を江戸幕府が許可する	上野に「可否茶館」オープン	銀座に「カフェ・パウリスタ」オープン。文化人が集い、コーヒー文化が花開く	戦況悪化に伴い、「敵国飲料」であるコーヒーの輸入停止	コーヒー豆の輸入再開	戦後初のブルーマウンテン輸入	コーヒー豆の輸入が自由化される	上島珈琲が世界初の缶コーヒーを発売	日本スペシャルティコーヒー協会の設立

北原白秋

木下杢太郎らと「パンの会」結成。日本橋「メイゾン鴻の巣」などで毎月、フランス料理や本格的コーヒーを味わった。小説や随筆にもコーヒーが登場するほどのコーヒー党。

水野 龍

ブラジル移民政策を推し進めた民間人。銀座にコーヒーハウス「カフェ・パウリスタ」を開店し、1杯5銭の安さでコーヒーを提供し話題を呼んだ。

狂歌師・大田南畝

幕臣として働く一方、学問や文筆に秀で、随筆を残すほか、狂歌や漢詩文なども著した。1804年、コーヒーを飲用した際の記録を日本人で初めて残した。

Sourness and Bitterness

コーヒーの特徴
酸味と苦味とは

焙煎、抽出時間、湯の温度などを
調整することで
コーヒーの個性である
酸味と苦味は変化します。
その関係性を知っておきましょう。

酸味がある味が好き、苦味がしっかりしているものが好き、など、好きなコーヒーの特徴があるでしょう。これらはどのようにして決まるのか。

コーヒーの味を決めるのは、豆の種類(生産国、品種など)が大きく関わっていますが、そのほかに、「お湯の温度」「抽出時間」「焙煎度」「挽いた粉の粗さ」「使用する粉の量」によります。

温度や時間、粉の量が味にどのように影響を与えるのかを知っておくことは自分好みのコーヒーを淹れるためにとても重要です。抽出のときにどの道具を使うかにも関係してきますので、次の内容を覚えておくと自分好みの味で淹れるのに便利です。

お湯の温度

低温
抽出する湯の温度が低いと、苦味成分は出にくいため、酸味のボリュームが高くなる。低温で抽出された酸はフラットに感じることもある。

高温
抽出する湯の温度が高いと、苦味成分がしっかり出て、苦味やコクのあるコーヒーに。良質で爽やかな酸も抽出できる。

抽出時間

短い
抽出時間が短いと、濃度感が薄く、すっきりとした味わいのコーヒーになる。

長い
抽出時間が長くなると、コクや甘み、苦味のあるコーヒーに。長すぎると、えぐみ、渋みが出る。

焙煎度

浅煎り

焙煎が浅ければ浅いほど酸味のボリュームが多く、苦味はほとんど感じない。

深煎り

焙煎が深いほど苦味のボリュームが多くなる。焦げた香味を感じることも。

挽いた粉の粗さ

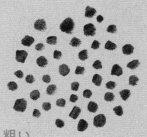

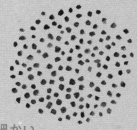

粗い

メッシュ(挽いた粉の粒の大きさ)が大きいほど成分が抽出されにくく、味わいは軽くなる。

細かい

メッシュが細かいほど成分が抽出されやすく、苦味、甘み、コクが出る。器具に対し細かすぎると苦味やえぐみも。

使用する粉の量

少ない

粉量が少なければ濃度は薄く、味わいはあっさりと軽いものになる。

多い

粉量が多ければ味わいは濃度が増し、強い味になる。

Ranking of Coffee

コーヒーには
ランクがある?

コーヒーには、豆の違い、
味わいの違いなどでランクがあります。
それが値段の違いにもなるので、
美味しいコーヒー選びの
指針にもなります。

最近注目を集めている「ス
ペシャルティコーヒー」
は、1970年代にアメリ
カで始まった「飲んで美味しい」と
評価されるコーヒーに対する呼称。
当初は基準なども漠然としていまし
たが、1982年にアメリカスペシャ
ルティコーヒー協会が設立され、そ
の後カッピングという官能検査でス
コアが100点満点のうち80点以上の
ものがスペシャルティに認定される
ようになりました。その定義とは、
「生産履歴が明確でしっかりと管理
された高いクオリティを有し、際立
つ風味特性をもつ美味しいコーヒ
ー」であること。他には、スペシャ
ルティコーヒーとは異なる評価の軸
で、プレミアムコーヒーやコマーシ
ャルコーヒー、ローグレードコーヒ
ーなどが選ばれます。

スペシャルティコーヒーやプレミ
アムコーヒーは、生産地や農園が明
確化されていますが、最も流通量が
多いコマーシャルコーヒーは生産国
ごとに分けられるため、出荷される
際、産地ごとで独自に行われる、産
地の標高での区分けや豆のサイズ
(スクリーン)、欠点数などによって
グレーディング(等級付け)されます。
豆の袋などに「グアテマラSHB」な
どと記されているのが、このグレー
ディングにあたります。

1 産地の標高

昼夜の寒暖差が大きい高地で栽
培されたコーヒーは風味が豊か
だといわれ、産地の標高が高い
ほどグレードが上がる。このグ
レーディングはメキシコやグア
テマラなどが採用している。グ
アテマラの場合、1350m以上
の標高でとれたもので、かつ場
合によってスクリーン、欠点数
などをクリアしたものが「スク
リクトリー・ハード・ビーン
(SHB)」というグレードになる。

2 豆のサイズ(スクリーン)

スクリーンとは豆の大きさを測
るふるいのこと。コーヒー豆は
粒が大きいほど高品質とされる。
このグレーディングはコロンビ
アやケニアなどが採用している。
コロンビアの場合、S17(約
6.75mm)以上だと「スプレモ」、
S14〜16(約5.5〜6.5mm)だと
「エクセルソ」と呼ばれる。

3 | 欠点数

コーヒーの味を損なう欠点豆や小石などの異物の混入率で判断する。

Miki's Voice

現在はユニバーサルなグレーディングの基準はなく、1〜3の方法を、各国独自の基準で行っています。スペシャルティには、明確なトレーサビリティが求められ、サイズや標高にかかわらず、純粋な味わいを官能検査で評価。スペシャルティ、産地でのグレーディングは、異なる評価基準で選ばれたコーヒーです。

Specialty Coffee

スペシャルティコーヒー

明確な生産履歴でカッピング評価で80点以上の品質を有し、際立つ風味特性を持つコーヒー豆

Premium Coffee

プレミアムコーヒー

生産地や農園が限定され、ストーリー性のある品質のよいコーヒー

Commercial Coffee

コマーシャルコーヒー

産地規格で格付けされた一般的なコーヒー豆

Low grade Coffee

ローグレードコーヒー

安価な商品に使用されるコーヒー豆

Roasting and Balance

酸味が強い

豆の焙煎度合いを チェック

コーヒー独特の酸味と苦味は
豆に火を入れる「焙煎」によって
生まれてきます。
焙煎度によって、そのバランスが
異なるので、覚えておきましょう。

焙煎とは生豆を煎って加熱し、成分を化学変化させ、味と香りを引き出すことをいいます。焙煎前の生豆は緑がかったベージュ色が焙煎の工程が進むと茶褐色になり、香味も生まれます。焙煎の浅い豆は酸味が多く苦味をあまり感じませんが、焙煎が進むと酸味が減っていき、苦味が増します。

　焙煎度合いによって、浅煎り、中煎り、中深煎り、深煎りと分けられ、さらに「ライト」「シナモン」「ミディアム」「ハイ」「シティ」「フルシティ」「フレンチ」「イタリアン」という8段階に分類されます。色は焙煎が進むほど濃くなり、最も深い焙煎度はほぼ黒い色です。

浅煎り
酸味

苦味

おすすめの淹れ方
ペーパーフィルター

「ライト」は最も浅い焙煎度。酸味が強く苦みはほとんど感じられない。生豆の青臭さも残る。「シナモン」になると、香りが立ち始めるが、まだ苦味はほとんど感じない。良質な酸味を持つ豆ならば、しっかり特徴が感じられる。

中煎り
酸味

苦味

おすすめの淹れ方
ペーパーフィルター
フレンチプレス
エスプレッソ

「ミディアム」は明るい栗色で香りも出てくる。酸味が中心だが、かすかな苦味を感じ始める。ライトな口当たりが特徴。「ハイ」は酸味と苦味のバランスがとれ、甘みも感じられる。明るめの茶色。お店でもよく見かける。

苦味、コクが強い

おすすめの淹れ方はP95〜
のChapter 4で解説します。

中深煎り

酸味

苦味
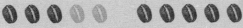

おすすめの淹れ方
ペーパーフィルター
フレンチプレス
エスプレッソ

「シティ」は茶褐色で、酸味もありつつ、苦味やコクが勝る。日本で好まれる焙煎度のひとつで、お店でもよく飲まれるスタンダードな焙煎度。「フルシティ」はこげ茶色になり、酸味はかなり少なく、苦味が強くなってくる。

深煎り

酸味

苦味

おすすめの淹れ方
ペーパーフィルター
フレンチプレス

「フレンチ」は黒っぽい茶色で、油脂分がにじみ出てツヤが出てくる。苦味とコクが強い味わいとなりクリームやミルクとの相性もよい。「イタリアン」は最も強いロースト香が加わる。酸味はほとんどなく、苦味に焦げた香味が加わる。

Miki's Voice

焙煎の浅い深いは、最終的な豆の色だけでなく、温度や時間も大切。同じ見た目でも、焙煎の時間や火の入れ方が変わると、驚くほど味わいが変わります。同じ深煎りのコーヒーでも、お店によって酸味や苦味の違いを感じるのはこのためです。

Provenance
of
Coffee

コーヒーの産地が集まる
「コーヒーベルト」

赤道を挟む北緯25度から
南緯25度までの地域は、
気候条件がコーヒーノキ栽培に
適していることから
コーヒーベルトと呼ばれています。

現 在飲用に使われるコーヒー豆の生産はほとんどが「コーヒーベルト」と呼ばれるコーヒー栽培適地で行われています。

アカネ科コーヒーノキには、主にアラビカ種、カネフォラ種、リベリカ種の3種があり、「三大原種」と呼ばれています。ただしリベリカ種は、リベリアなどの西アフリカで栽培され、そのほとんどが国内消費され、市場に出回ることはありません。

アラビカ種は中南米、アフリカ、アジアなどで栽培されています。良質な酸味を持ち香味にも優れ、スペシャルティコーヒーは100%がアラビカ種です。ティピカ、ブルボン、ゲイシャなどが代表的な品種で、病気や害虫に弱く、1本の木からの収穫量もカネフォラ種より少なめです。カネフォラ種はアラビカ種に比べ病害虫に対する耐性が強く、1本からの収穫量も多いのが特徴。酸味はほとんどなく、苦味が強く、缶コーヒーやインスタントコーヒーといった工業用、ブレンド用に多く利用されています。生産されるほとんどがロブスタのため、「カネフォラ種＝ロブスタ」とみなされています。

ジャマイカ
グアテマラ
ドミニカ
コスタリカ
コロンビア
ブラジル

イエメン

インド

エチオピア

ケニア

ルワンダ

インドネシア

パプアニューギニア

東ティモール

タンザニア

赤道を挟む北緯25度から南緯25度のエリアが「コーヒーベルト」。中南米、アフリカ、アジアで味わいの傾向も異なります。

Typical Types of Beans

名前から代表的な
コーヒーの品種を知ろう

前ページで紹介した三大原種の
下位の単位の品種があり、
さらに交配や突然変異などで
多様な品種に枝分かれしています。
代表的な品種を紹介します。

数 世紀にわたる長い歴史の
中で、アラビカ種では突
然変異や交配によって、
栽培がしやすいものや風味が素晴ら
しいものなど、さまざまな品種が誕
生しました。現在では200種以上あ
るといわれています。

　日本に流通している品種の多くは、
アラビカ種とカネフォラ種がもとに
なっています。特に風味豊かなアラ
ビカ種は人気があります。

　コーヒー専門店などで豆を購入す
るときは、アラビカ種よりさらに細
かい品種で書かれていることが多く
なります。ワインに比べると、品種
由来の味わいは少ないとされていま
すが、なかには個性的な味わいを発
揮する品種もあります。

アラビカ種

　コーヒーの56.7%を占めるといわ
れている。標高1000〜2000mの熱
帯高地で栽培され、乾燥、病害虫な
どに弱いので栽培が難しい。ブルボ
ン、ティピカ、モカ、ブルーマウン
テンなどがアラビカ種。三大原種の
中で最も風味がよく、スペシャルテ
ィコーヒーのすべてがアラビカ種で
ある。

── Miki's Voice ──
エチオピアのゲシャという町にち
なんで名づけられたゲイシャ。パ
ナマでの成功から人気に火がつき、
現在ではパナマ産だけでなく、中
南米各国で栽培され、楽しめます。

カネフォラ種

　ロブスタとも言われる。標高が低
い高温多湿な場所でも栽培でき、病
気や害虫にも強い。1本の木からの
収穫量が多い。インスタントコーヒ
ーや安価なブレンドコーヒー、缶コ
ーヒーなどでも使われる。苦味が強
く、エスプレッソにブレンドされる
ことも。

── Miki's Voice ──
アラビカ種は風味はいいけれど害
虫に弱いという弱点があります。
そこで近年はアラビカ種とカネフ
ォラ種を交配させてそれぞれの長
所を兼ね備えた品種改良が注目さ
れています。

アラビカ種の代表的な品種

Typica

ティピカ

アラビカ種のなかでも最も原種に近いといわれる、最古の栽培品種。長細い形をしている。爽やかな酸、繊細な香り、マイルドな味わいが特徴。さび病に弱く、生産量は少ないが、比較的多くの国で栽培されている品種。

Bourbon

ブルボン

ティピカの突然変異種。ブルボン島(現レユニオン島)に移植された木を起源とする、ティピカと並ぶ原種に近い古い品種。ふくよかな甘味がありバランスがいい。ティピカよりは小粒。ほとんどの国で栽培されている。

Geisha

ゲイシャ

1931年にエチオピアで発見され、1960年ごろ中米に伝わった。個性が際立ち、複雑で繊細な味わいが特徴。2004年にパナマのエスメラルダ農園のゲイシャが史上最高値をつけるなど、スペシャルティコーヒーの世界でも注目を集めている。

Caturra

カトゥーラ

ブラジルで発見されたブルボンの突然変異種。樹高の低い木で葉は大きく、ブルボンやティピカよりも耐性は強い。軽やかな甘さとライトな味わいが特徴。グアテマラやコスタリカなど中南米で多く栽培されている。

Pacamara

パカマラ

ブルボンの突然変異種のパカスと、ティピカの突然変異種のマラゴジッペの人工交配種。エルサルバドルやグアテマラで栽培されている。粒は大きいが生産量はそれほど多くはない。きれいなフレーバーが特徴。

SL28

SL28

20世紀初頭、イギリスの植民地だったケニアに設立された「スコットラボラトリー」が多くの品種を研究選別した結果、乾燥耐性に優れ風味がよいことに気づいた。研究所の頭文字をとってSLというコードが付いた。ケニアなどで多く栽培。

Provenance and Variety

豆の産地と品種に注目しよう

コーヒーノキは世界各地で
100種類ほどありますが、
現在飲料となる木は
一定の条件を満たした国でのみ
栽培されています。

コーヒーを栽培するにはいくつかの条件があります。まず、年間を通して気温は高からず、低からず、年平均20度前後が理想。気温が高すぎると実が早くつき不熟となり、さび病という病気が発生してしまいます。逆に低すぎると霜の影響で枯れてしまうことも。

降雨量は年1500〜2000mm程度で、生育期には雨が多く降り、収穫期は作業しやすいよう乾燥するなど、雨季と乾季がなくてはなりません。

また、生育期には適度な日照量が必要ですが、直射日光が当たりすぎるのはNG。そのためシェードツリーという日陰を作る木を一緒に植えることもあります。味わいがよくなるためには昼夜の寒暖差が必要なため、標高の高い場所であることが条件となります。標高の高さは、コーヒー豆のグレーディングでも評価の対象になるなど、古くから重要視されてきたことがわかります。

以上の条件を満たす場所が多いのが、コーヒーベルトの中に入る国々です。同じ品種でも、国によって味わいは異なってきます。それぞれの国での生産の歴史や現状について紹介します。

Brazil

ブラジル

面積：約851.2万km²
人口：約2億947万人
首都：ブラジリア
主な言語：ポルトガル語

コーヒー年間生産量

約 **3,775,500** t

（2018,2019年）

収穫時期
（5〜9月）

1月	2月	3月	4月	5月	6月	7月	8月	9月	10月	11月	12月

主な品種

ロブスタ、ブルボン、ムンド・ノーボ
カトゥーラ、イカトゥ、
カトゥアイ

世界最大の生産量・輸出量を誇るコーヒー大国

フランス領ギアナからコーヒーノキがブラジルに持ち込まれたのは1727年のこと。100年ほど経った1850年には世界最大のコーヒー豆生産国へ成長し、その後、150年以上世界第1位を誇り、最も先進的で産業化された生産国です。国内消費も伸びて、EU、アメリカに次ぐ第3位。まさにコーヒー文化を牽引する国です。

コーヒー栽培は南東部を中心に30万以上の農家がコーヒー栽培に従事しています。安価なロブスタから、高品質なアラビカ種まで栽培品種も多種多様。近代的な設備を取り入れ、生産性と収益性を優先させる大規模農園もあれば、山岳地帯では小さな農園が新たな品種や試験的な生産処理にも挑戦しています。国内に「ブラジルスペシャルティコーヒー協会（BSCA）」が設置され、1999年にはコーヒーの国際的品評会「カップ・オブ・エクセレンス（COE）」がスタートしました。

Miki's Voice

ブラジルの豆は、ナッツ感とボディがあるのが特徴的。香ばしさとアーモンドやキャラメルのような飲みごたえ。伝統も大切にしつつ、日々最新の技術にアップデートしていき、品質の高いコーヒーが安定的に作られます。

Guatemala

面積：約10万8900km²
人口：約1725万人
首都：グアテマラシティ
主な言語：スペイン語

コーヒー年間生産量

約**240,420**t

（2018,2019年）

収穫時期
（12〜3月）

1月	2月	3月	4月	5月	6月	7月	8月	9月	10月	11月	12月

主な品種

カチモール、カトゥーラ
カトゥアイ、ブルボン
パチェ

中米トップクラスの生産国。 豊かな香りが特徴

1 750年ごろ、イエズス会の修道士によりグアテマラにコーヒーノキが持ち込まれたといわれています。複雑な地形で、山岳地域、火山性土壌、平野などの多様な各エリアで個性的な味わいのコーヒーが作られています。

近年では、北西部メキシコの国境付近の山岳地帯にあるウエウエテナンゴ地域がCOE（カップ・オブ・エクセレンス）で毎年入賞ロットを輩出し、世界的にも注目の地域です。

1969年には、品質向上と生産管理を目的に、生産者の共同出資により「グアテマラ全国コーヒー協会（通称アナカフェ）」が発足。気候や農園の地理的環境や設備などを細かく分析し、あらゆる農園に研究結果を提供するなど、農園支援を積極的に行い、コーヒー産業の活性化に寄与しています。伝統的にウォッシュト（水洗式）が主流で、各農園で管理して行うことが多く、クリーンで香り豊かなコーヒーが作られます。

— Miki's Voice

品評会の常連ウエウエテナンゴ地域のエル・インヘルト・ウノ農園のコーヒーは、豊かな酸味とふくよかな味わいで赤ワインにたとえられるほど。アンティグア地域ではリッチなチョコレート感の強いコーヒーが生産されています。

034

Costa Rica

Costa Rica

面積：約5万1100㎢
人口：約499万人
首都：サンホセ
主な言語：スペイン語

コーヒー年間生産量

約 **85,620** t

（2018,2019年）

収穫時期

（11〜3月）

1月	2月	3月	4月	5月	6月	7月	8月	9月	10月	11月	12月

主な品種

カトゥーラ
ヴィジャサルチ
カトゥアイ

政府と生産者が高品質なコーヒー栽培に取り組む

コスタリカでコーヒーの生産が始まったのは19世紀初めごろ。小規模農園が多いのが特徴ですが、ここ数年は、政府と生産者によって組織された「コスタリカコーヒー協会」がコーヒー栽培を全面バックアップし、高品質な豆の生産に力を入れています。

栽培する品種もスペシャルティコーヒーに使われるアラビカ種のみに限定。カネフォラ種の栽培は禁止されています。

かつては地区ごとにコーヒーチェリーが集荷され一括で生産処理されていましたが、今はマイクロミルと呼ばれる小さな生産処理場で、各自処理を行うようになり、生産者ごとに豆の個性が発揮されています。近年生まれた「ハニープロセス」という生産処理方法もコスタリカで編み出された手法です。主な栽培品種はカトゥーラ、ヴィジャサルチなど。柑橘系のフレーバーを持ち、世界的な評価も高まっています。

Miki's Voice

豊かな酸味のあるコーヒーが多く採れます。農学博士の生産者も多く研究が盛んで世界各国のさまざまな品種の栽培にチャレンジ。技術力も大変高く、毎年、新しい品種や生産処理が出てくるので、とても楽しみな場所です。

Colombia

面積：約114万k㎡
人口：約4965万人
首都：ボゴタ
主な言語：スペイン語

コーヒー年間生産量

約 **831,480** t

（2018,2019年）

収穫時期
（4～6月、10～1月）

1月	2月	3月	4月	5月	6月	7月	8月	9月	10月	11月	12月

主な品種

カトゥーラ、コロンビア
ブルボン、カスティージョ

山岳地帯に広がる農園で多様な豆を生産

国土は太平洋とカリブ海に面し、コーヒー農園は南北を縦断するアンデス山脈の麓の丘陵地域にあります。気候は地域によって異なり、それぞれの地区で個性の異なるコーヒーが作られています。メインクロップと「ミタカ」と呼ばれるサブクロップの、年2回収穫を行う地域もあります。

山脈に沿って標高の高い場所に農園があるため、農地を広げることが難しく、56万世帯以上いるといわれている生産者の多くは1～2haの面積の農園を持つ小規模生産者です。

1972年、大きな資本を投じて、生産から流通までを管理する「コロンビアコーヒー生産者連合会（FNC）」が設立され、レベルは一気に向上。研究に基づいた苗木や肥料の提供、農薬の管理、栽培に関する講座を開催しています。ウォッシュトプロセス（水洗式）が主流で、各農園で管理を行います。華やかな香りと心地よいボディのコーヒーが作られます。

— Miki's Voice —

コーヒーはジューシーな酸味とボディ感があるほか、フルーティなコーヒーも多く作られています。小規模ながら、ゲイシャなどの個性的な品種を栽培したり、有名な生産者も輩出しています。

Panama

面積：約7万5500km²
人口：約418万人
首都：パナマシティ
主な言語：スペイン語

コーヒー年間生産量

約 **7,800 t**

（2018,2019年）

収穫時期
（11〜3月）

1月	2月	3月	4月	5月	6月	7月	8月	9月	10月	11月	12月

主な品種

ゲイシャ、カトゥアイ
カトゥーラ、ティピカ

一度飲んだら忘れられないパナマゲイシャ

 国土の西部にそびえるバル火山のすそ野は、豊かな火山性土壌、標高の高さ、日照時間など、コーヒー栽培に理想的な条件が揃った場所で、昔から多くの農園が集まり、高品質コーヒーを生産していました。

パナマ産のコーヒーは2004年に大きな転機を迎えます。同年に開催された「ベスト・オブ・パナマ（パナマ国際品評会）」で、エスメラルダ農園のゲイシャ（P31参照）が、香水のような香り高い味わいで多くのバイヤーを魅了し、優勝を果たしました。当時、史上最高価格で落札されたのです。

ゲイシャは、もともとエチオピアで発見され、1960年ごろ中米に持ち込まれました。しかし当時は、生産性が低いため、多くの農園が栽培をやめてしまいました。2004年以降、パナマではゲイシャを栽培する農園が増え、毎年、品質も向上し続けています。

Miki's Voice

2004年、エスメラルダ農園で栽培されたゲイシャが出品され、今まで飲んだことのない香り、甘さ、心地よい酸味といった個性に誰もが驚きました。一大旋風を巻き起こし、"パナマのコーヒードリーム"といわれました。

Ethiopia

エチオピア

面積：約109万7000㎢
人口：約1億922万人
首都：アディスアベバ
主な言語：アムハラ語

コーヒー年間生産量

約 **466,560** t

（2018,2019年）

収穫時期
（10〜2月）

1月	2月	3月	4月	5月	6月	7月	8月	9月	10月	11月	12月

主な品種

エチオピア在来種

今も原生林で多品種が育つ山岳地帯

国土の多くが山岳地帯で、今でも多くの原生林が残り、一部のコーヒーは野生の樹木から収穫されています。

多くの生産者が家族経営の小規模生産者です。生産処理システムを持たず、地区にあるウォッシングステーションと呼ばれる生産処理場に、赤いチェリーを持ち込み、生産処理場の名前や地域の名前で販売されることが一般的です。

しかし近年、スペシャルティコーヒーの流行と、品評会などの取り組みもあり、単一農園のコーヒーにも注目が集まっています。2020年に初めてCOE（カップ・オブ・エクセレンス）が開催され、上位ロットは1kgあたり¥49,000と、とても高額で落札されました。

コーヒーの品種が多様で、まだ具体的な品種がわかっていないものも多く、エチオピアの在来種として扱われています。ゲイシャもエチオピアがルーツといわれています。

Miki's Voice

いまだに在来種と呼ばれる種もたくさんあり、土着の品種のバラエティの豊かさがあります。土壌がコーヒーの生育に合っているのでしょう。最近ようやく、小規模生産者、シングルオリジンファームが増えてきました。

Kenya

面積：約58万3000㎢
人口：約4970万人
首都：ナイロビ
主な言語：スワヒリ語、英語

コーヒー年間生産量

約 **55,800** t

（2018,2019年）

収穫時期
（10〜3月）

1月	2月	3月	4月	5月	6月	7月	8月	9月	10月	11月	12月

主な品種

SL28、SL34
ルイル11、バティアン、ブルボン

品質管理体制が整い、生産者も安心して取り組める

ケニアにコーヒーノキが持ち込まれたのは19世紀末です。1933年にはコーヒー局が設立され、オークション制度や格付けの規定を制定し、早い段階から管理体制を整えたことで、高品質豆の生産を可能にしました。

世界初のコーヒー研究所「コーヒー研究財団」があり、管轄下には最先端の技術を提供する「ケニアコーヒーカレッジ」があり、国内の生産者をバックアップします。

大規模農園もありますが、多くの農園が生産処理システムを持たない小規模生産者です。「ファクトリー」と呼ばれる協同組合に、赤いチェリーを持ち込み、生産処理をしています。ケニア山山麓には、ニエリ、エンブ、キリニャガなど世界的に有名な産地があります。

SL28やSL34、ブルボンなどが代表する品種で、日本でもケニア産コーヒーの愛好家は多く、バイヤーからも注目されています。

Miki's Voice

火山性土壌で、標高が高く、適度な雨量があります。高品質コーヒーの栽培に最適な環境から生まれる、ベリーや紅茶、赤ワインのようなジューシーな味わいが魅力です。

重厚感のあるユニークな味わい

1 699年にコーヒーノキが植樹され、一大コーヒー生産国になるも、さび病の発生を受け、現在は病害に強いロブスタが主流になっています。ただし、スマトラ島のマンデリンや、スラウェシ島のトラジャなど、最高品質のアラビカ種も一部で栽培され、高値で取引されています。

インドネシア

Indonesia

面積：約189万km²
人口：約2億5500万人
首都：ジャカルタ
主な言語：インドネシア語

バランスのよいコーヒー作り

小 規模生産者で、家族経営の農園が主力です。標高の高さや気候、雨量も理想的なコーヒー栽培の条件が揃っていますが、近代化が遅れ、年々その生産量は減少し、全体の生産量はブラジルの大農園のひとつ分より少なく、希少となっています。酸味と甘味のバランスのよさが特徴です。

ボリビア

Bolivia

面積：約110万km²
人口：約1135万人
首都：ラパス（憲法上はスクレ）
主な言語：スペイン語

伝統的なブルボン

内 戦により、一時は生産量が低下したものの、そのおかげで品種の植え替えが進まず、在来種であるブルボンの木が多く残っています。国立研究所で生まれたパカマラも大粒でボディがあり、柑橘のような味わいです。スペシャルティコーヒー界でも注目されています。

エルサルバドル

El Salvador

面積：約2万1040km²
人口：約664万人
首都：サンサルバドル
主な言語：スペイン語

中米最大の生産国

年間43万トンものコーヒーを生産するコーヒー大国。火山性の土壌や高い標高などが栽培に適しています。品質向上のため「ホンジュラス・コーヒー協会」が設立され、生産者を支援しています。やわらかい酸味や果実味を感じられるものなど、地域によって個性が異なります。

ホンジュラス

Honduras

Honduras

面積：約11万2500km²
人口：約959万人
首都：テグシガルパ
主な言語：スペイン語

多彩な味わい

国土を南北に縦断するアンデス山脈に活火山があり、火山灰質の土壌のおかげでコーヒー栽培に適した土地になっています。陽射しを遮るため、シェードツリーとしてバナナやカカオの木を一緒に植えるのも特徴的。アラビカ種とロブスタが6対4の割合で、標高の高い地域では良質なアラビカ種を栽培。

エクアドル

Ecuador

Ecuador

面積：約25万6000km²
人口：約1708万人
首都：キト
主な言語：スペイン語

隠れた名産地

アンデス山脈の高い標高や、1日の寒暖差が大きい気候などがコーヒー栽培に適しており、世界の生産量トップ10に入っています。栽培品種は100%アラビカ種です。家族経営の小規模生産者が多く、品評会の影響もあり、品質が高い隠れた名産地として注目されています。

ペルー

Peru

Peru

面積：約129万km²
人口：約3199万人
首都：リマ
主な言語：スペイン語

生産処理方法で味わいも変わる

コーヒー豆が収穫された後に行われる「生産処理」によって、味わいが大きく変わることがあります。近年、注目を集め、新しい方法の開発も活発ですが、基本は3種類の方法です。

1.「ナチュラル」
収穫したコーヒーチェリーをそのまま自然乾燥させた後、果肉とパーチメント（果肉の中にある内果皮）を脱穀する方法。最もシンプルで設備も必要ない伝統的な手法です。甘さとコクがあり、香りも濃厚なコーヒーになります。ただし、天候に左右されやすく、未成熟豆や過熟豆、異物が混入しやすいという難点があります。

2.「ウォッシュト」
コーヒーチェリーを貯水槽に入れて異物などを除去後、パルパーという機械で果肉を除去し、発酵槽に入れて粘液質のミュシレージを分解し、乾燥させてからパーチメントを除去する方法。精製度が高く、クリーンな味わいとなり、酸味が引き立ちます。課題は、大がかりな設備や水が必要で、大量の廃水が出ることです。

3.「パルプトナチュラル」
「ウォッシュト」では完全に除去するミュシレージを一部残して乾燥させるやり方。ほどよいコクと酸味を持つコーヒーになります。別名「ハニープロセス」ともいい、ミュシレージの除去割合によって「ホワイトハニー」「イエローハニー」「レッドハニー」「ブラックハニー」に区分されます。「ウォッシュト」より廃水は少ないですが、設備へのコストは「ナチュラル」よりはかかります。

Journey of Taste

Chapter

2

「自分好み」の
味を知る旅

Choosing Your Beans

自分の好みを知って 豆を選ぼう

美味しいコーヒーと出合うには、
まず自分がどんな味が好きか、
把握することが大事。
好みの方向性によって
選ぶコーヒーが決まります。

生産国、農園、品種、焙煎度合い、コーヒーショップ、コーヒーの銘柄は、膨大にあります。淹れ方によっても味わいは変化しますが、コーヒーの味わいに最も影響を与えるのが豆選びです。

美味しいコーヒーと出合うためには、まず自分がどんな味わいを好きか知ることが一番の近道です。そして、好みのコーヒーと巡り合うための第一歩は、いろいろ味わってみること。おすすめは、品質の高い豆を扱っているカフェや専門店で飲み比べを体験することです。

飲み比べることで味わいの違いを体験できます。とはいっても、いきなり自分の好みの味わいを伝えるのは難しい作業です。そこでまずは、大まかに「スッキリ」「どっしり」の2つに分けて考えます。

より好みの味に出合うために、右ページの表にある7つのフレーバーを参考にしてください。スッキリのなかでも、どんなフレーバーのスッキリなコーヒーが好きなのか。それがわかるだけでも選択肢の範囲は狭まり、自分の好みの味わいに出合える確率は高まります。

また、生産国によって酸味が穏やかであったり、強かったりという特性がありますが、もともと酸味のある豆をあえて深煎りで提供するお店もあります。

Floral スッキリ / どっしり

フローラル

花のような香りをもち、華やかな味わいがある。

- ・ゲイシャ
- ・ペルー
- ・グアテマラ
- ・高地産

Citrus スッキリ / どっしり

シトラス

柑橘系のフルーツのような、爽やかな味わいがある。

- ・コスタリカ
- ・コロンビア
- ・パナマ
- ・ニカラグア

Berry スッキリ / どっしり

ベリー

ベリーのような、果実感のある味わいをもつ。

- ・ナチュラルプロセス
- ・アナエロビック
- ・プロセス
- ・アフリカ系品種

Balance スッキリ / どっしり

バランス

心地よいバランスをもっており、飲み心地がよい。

- ・ボリビア
- ・グアテマラ
- ・ホンジュラス
- ・エルサルバドル

Nuts スッキリ / どっしり

ナッツ

ナッツのような香ばしい香りのある味わいをもつ。

- ・ブラジル
- ・ペルー 深煎り
- ・コスタリカ 深煎り

Chocolate スッキリ / どっしり

チョコレート

チョコレートのような香りとビター感のある味わいをもつ。

- ・インドネシア
- ・グアテマラ 深煎り
- ・ホンジュラス 深煎り

Africa スッキリ / どっしり

アフリカ

アフリカンコーヒーならではの、個性豊かな味わいをもつ。

- ・ケニア
- ・エチオピア
- ・ブルンジ共和国
- ・ルワンダ

Miki's Voice

通常は一種類を飲むことが多いのですが、飲み比べることで味わいの違いを体験でき、自分の好みがわかってきます。最初はいろいろなものにチャレンジしてください。そして一言、どんなコーヒーだったか、自分の言葉で表現してみると、より一層理解が深まります。

Choose Your Favorite

好きな豆を選んでみよう

どんな豆を選んだらいいか
迷ったら、
このチャートを参考にして、
自分の好みを
見つけてみてください。

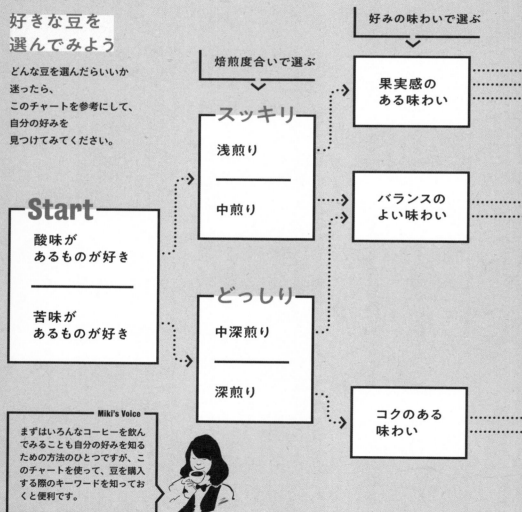

好みの味わいで選ぶ

焙煎度合いで選ぶ

果実感の
ある味わい

スッキリ

浅煎り

———

中煎り

バランスの
よい味わい

Start

酸味が
あるものが好き

———

苦味が
あるものが好き

どっしり

中深煎り

———

深煎り

コクのある
味わい

Miki's Voice

まずはいろんなコーヒーを飲ん
でみることも自分の好みを知る
ための方法のひとつですが、こ
のチャートを使って、豆を購入
する際のキーワードを知ってお
くと便利です。

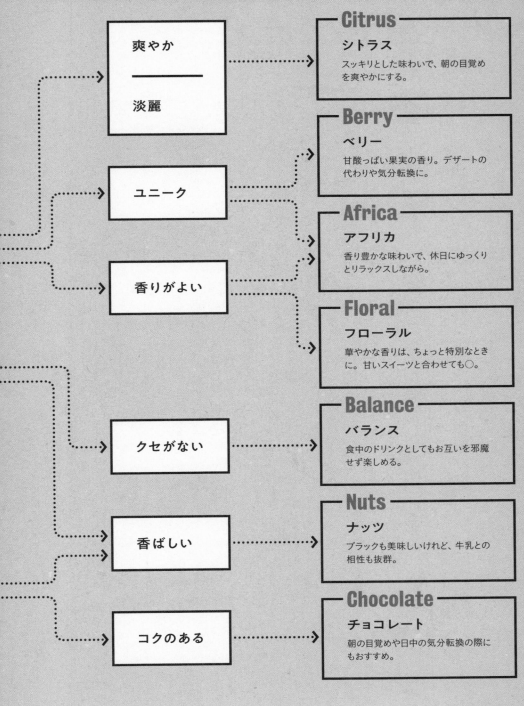

爽やか ——— 淡麗

Citrus
シトラス
スッキリとした味わいで、朝の目覚め を爽やかにする。

ユニーク

Berry
ベリー
甘酸っぱい果実の香り。デザートの 代わりや気分転換に。

香りがよい

Africa
アフリカ
香り豊かな味わいで、休日にゆっくり とリラックスしながら。

Floral
フローラル
華やかな香りは、ちょっと特別なとき に。甘いスイーツと合わせても○。

クセがない

Balance
バランス
食中のドリンクとしてもお互いを邪魔 せず楽しめる。

香ばしい

Nuts
ナッツ
ブラックも美味しいけれど、牛乳との 相性も抜群。

コクのある

Chocolate
チョコレート
朝の目覚めや日中の気分転換の際に もおすすめ。

Communicating with Coffee

コーヒーの「表現」を知って コミュニケーションしよう

コーヒーの好みを伝えるとき
その印象を言葉にできると
好みの味に近づきやすいもの。
コーヒーを表す
フレーバーを紹介しましょう。

これまで基本となる7つのフレーバーを紹介しましたが、コーヒーはさらに細かい表現があります。味わい、香り、印象など、その違いをうまく言葉にできれば、バリスタにも伝えられ、好みの味への近道になります。

ワインの世界では、テイスティングという味の評価方法がありますが、コーヒーの世界ではこれを「カッピング」といいます。スペシャルティコーヒーの場合、風味の特徴を見出して評価する項目のひとつとして「フレーバー」があります。飲んだときの香りや味わいから、他の食べ物や飲み物にたとえ、味わいを表現します。

ただし、コーヒーを飲んだときに、その味わいを感じていても、それを言葉で表現することはなかなか難しい作業です。最初は、右ページの表のように、ナッツを思わせる風味なのか、フルーツを思わせる風味なのか、という二択から始めましょう。

どちらなのかわかったら、次の段階へ。たとえばフルーツを感じたら、それが柑橘系か、ベリー系か、トロピカル系かを探ります。段階的に細分化していくことで具体的な表現が可能になっていきます。普段からいろいろな食べ物の香りに敏感になり、フレーバーを感じやすくなっておくといいでしょう。

ナッツを思わせる風味

スパイス系
- ● 甘いスパイス
- ● 辛いスパイス

ナッツ系
- ● アーモンド、カシューナッツ
- ● ヘーゼルナッツ
- ● ピーナッツ

甘さを思わせる風味

ブラウンシュガー系
- ● はちみつ
- ● キャラメル
- ● 黒糖
- ● メープルシロップ
- ● ブラウンシュガー
- ● バニラ

チョコレート系
- ● ビターチョコレート
- ● チョコレート
- ● ミルクチョコレート
- ● カカオ

フルーツを思わせる風味

リンゴ系
- ● リンゴ
- ● 青リンゴ

トロピカルフルーツ系
- ● チェリー
- ● パッションフルーツ
- ● パイナップル
- ● ピーチ
- ● マンゴー
- ● グレープ
- ● 洋ナシ

ベリー系
- ● ラズベリー
- ● ブルーベリー
- ● ブラックベリー
- ● ストロベリー

柑橘系
- ● レモン
- ● グレープフルーツ
- ● オレンジ
- ● ライム

フローラル系
- ● ブラックティ
- ● カモミール
- ● ローズ
- ● ジャスミン、ベルガモット

Coffee and Flavor

世界共通の
フレーバーホイール

好きなコーヒーを見つけるときにも、
コーヒーを表現するときにも
知っておきたいのが
フレーバーの種類です。

Miki's Voice

たとえば、フルーツ系と大きく括られていても、ベリー、ドライフルーツ、その他のフルーツに分かれます。ベリーといってもブラックベリーかストロベリーかで、イメージする味や香りは違ってきますね。

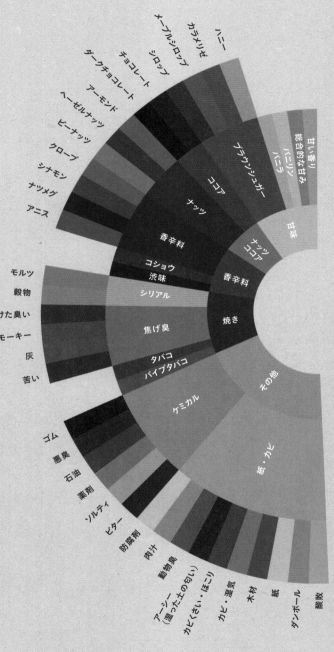

ハニー
カラメリゼ
メープルシロップ
チョコレート
ダークチョコレート
アーモンド
ヘーゼルナッツ
ピーナッツ
クローブ
シナモン
ナツメグ
アニス
モルツ
穀物
焦げた・焼けた臭い
スモーキー
灰
苦い
ゴム
悪臭
石油
薬剤
ソルティ
ビター
防腐剤
肉汁
動物臭
アーシー
（湿った土の匂い）
カビくさい・ほこり
カビ・湿気
木材
紙
ダンボール
酸敗

ブラウンシュガー
バニラ
バニリン
甘い香り
総合的な甘み
甘味
ナッツ
ココア
ナッツ
ココア
香辛料
コショウ
渋味
香辛料
シリアル
焼き
焦げ臭
その他
タバコ
パイプタバコ
ケミカル
紙・カビ

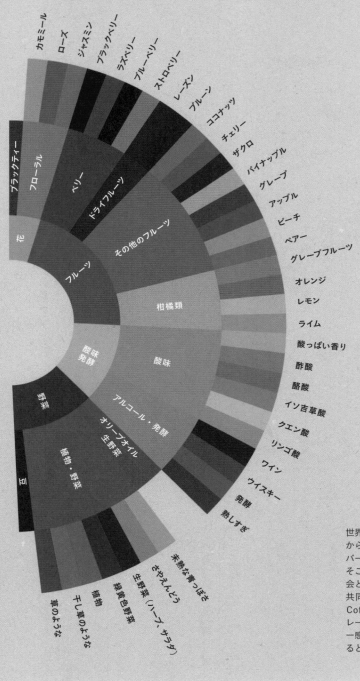

カモミール
ローズ
ジャスミン
ブラックベリー
ラズベリー
ブルーベリー
ストロベリー
レーズン
プルーン
ココナッツ
チェリー
ザクロ
パイナップル
グレープ
アップル
ピーチ
ペアー
グレープフルーツ
オレンジ
レモン
ライム
酸っぱい香り
酢酸
酪酸
イソ吉草酸
クエン酸
リンゴ酸
ワイン
ウイスキー
発酵
熟しすぎ

ブラックティー
フローラル
ベリー
ドライフルーツ
花
その他のフルーツ
フルーツ
柑橘類
酸味発酵
酸味
アルコール・発酵
オリーブオイル
野菜
生野菜
植物・野菜
豆

未熟な青っぽさ
さやえんどう
生野菜（ハーブ、サラダ）
緑黄色野菜
植物
干し草のような
草のような

世界各国で飲まれているコーヒーだからこそ、万国共通の言葉でフレーバーを表現できることは大事です。そこで、スペシャルティコーヒー協会とワールド・コーヒーリサーチが共同で開発し公開したのが、The Coffee Taster's Flavor Wheel(フレーバーホイール)です。フレーバー感覚を磨くときに、参考にしてみるといいでしょう。

Choosing Your Shop

豆を購入する
お店の選び方

コーヒーの好みの方向が
わかってきたら、いよいよ
コーヒー豆を購入しましょう。
どこで、何に気をつけて買うのか
ポイントを紹介します。

コーヒー豆は、生豆⇒焙煎⇒粉に挽く、という工程を経るごとに劣化しやすくなるため、"焙煎した豆を飲む直前に挽いて淹れる"というのが一番美味しく飲む方法です。それができるのがコーヒー専門店です。近所にあれば、迷わず入ってみましょう。プロがいて、好みの豆、焙煎度、淹れ方のコツや器具の選び方など、いろいろ相談できるので安心です。

スーパーや百貨店でも豊富な品揃えをしているので、ある程度安定した味わいのコーヒーを手に入れることはできます。夜遅くまで営業している店であれば、時間を気にせず購入できるのもメリットです。

インターネットで購入するのも今は定番です。専門店のHPはもちろん、楽天やAmazonなどもラインナップは豊富です。世界中から取り寄せることもできますから、海外ロースターを味わうチャンスが広がります。

豆選びのポイント

1 — | 好みの味を見つけたいなら、最初は専門店へ。

2 — | 豆の状態で購入すれば鮮度が長く保てる。

3 — | 挽いたコーヒーは鮮度が落ちやすいので買う量を調整して早めに飲み切る。

4 — | 幅広い店のコーヒーを味わうなら、スーパーや通販もおすすめ。

コーヒーのことならなんでも教えてくれる！

ラインナップが豊富で、プロが常にいるので好みの味わいを相談でき、その場で焙煎もしてくれる店もあります。また、豆や抽出方法による飲み比べ、生産者についての情報提供など、好奇心をくすぐるような体験を提供してくれるので、コーヒーに関する深い知識が得られます。スタッフに気軽に声をかけてオススメなどを聞いてみましょう。エスプレッソマシンが入っている店であれば、本格的なマシンで淹れるカプチーノなど、自宅で再現しにくいコーヒードリンクを味わってみても。

スーパーマーケット

手軽に多彩なコーヒーを入手できる！

大型スーパーの場合、品揃えが豊富な店が増えています。鮮度については、自家焙煎している専門店にはかないませんが、平均的な味わいは楽しめます。他社との比較ができ、値段もバリエーションがあるため手を出しやすく、初心者も安心です。

欧米では、スーパーが直接豆を農園から購入し、その地方ならではの豆が買えるシステムがあり、スペシャルティコーヒーをお手頃価格で買えます。また、地元の有名なスペシャルティコーヒーショップも豊富に取り揃えています。

インターネット

世界中からコーヒーが届くのが楽しい！

専門店の自社サイトはもちろん、楽天やAmazonなどでも全国の著名なロースターのものを扱っています。品質管理もしっかりしていますし、日本のショップはもちろん、世界中からも取り寄せができます。ネットの場合、おすすめなのがサブスクリプションによる購入。バラエティに富んだ国のコーヒーをバイヤーが選び、定期配送してくれるシステムもあり、労力をかけずにいろいろ味わえ、好みを探すのにも便利です。自分では選ばない豆が届くこともあり、コーヒー体験が広がります。

Viewing its Package

コーヒーの パッケージやPOPを見て わかることとは

コーヒー豆の袋やPOPには、
さまざまな情報がつまっています。
読み解ければ、どんな
味わいなのかがわかるので
覚えておきましょう。

コーヒー豆を購入するとき、自分の好みの豆を確実に入手するため、大事なのが情報です。POPや袋や缶に記されているので、購入前に必ずチェックしましょう。

スーパーなどで売っている粉になったコーヒーの場合、よく「レギュラーコーヒー」と書かれていますが、これはインスタントコーヒーと区別するための名称で、挽いた粉をお湯などで抽出するコーヒーを意味します。原材料名にはコーヒー豆とあり、そのあとに、生豆生産国名が記されます。さらに煎り方、豆の挽き方が記されます。

スペシャルティコーヒーの場合、さらに産地や農園、栽培された標高などの生産者情報が詳細に書かれるほか、ティピカやブルボンなどの品種名、生産処理方法なども記されています。これを読み解けば、どんなコーヒーなのか一目瞭然で、好きな味わいに到達する指針になります。それぞれ何を示しているか知っておけば、スムーズに購入できます。

① **Producing area**

国名、地域、 生産者

コーヒー豆の生産国、地域や農園を記載している。スペシャルティコーヒーほどトレーサビリティ（追跡可能性）を重視しており、高品質な豆ほど、生産情報の透明性が高い。

⑥ **Processing**

生産処理

生産処理によって味わいが変化するといわれ、最近注目を浴びている。ナチュラル（自然乾燥式）、ウォッシュト（水洗式）、パルプトナチュラル（半水洗式、ハニープロセスともいう）などの種類がある。詳細はP42参照。

② **Variety**

品種

スペシャルティコーヒーの場合、100%がアラビカ種。さらにどの品種なのかを表示することで味わいがわかる。代表的な品種はP31で紹介したティピカ、ブルボン、ゲイシャ、カトゥーラなど。品種は数百品種ある。

Grade

グレード

P24で紹介したように、コーヒー豆は産地の標高やスクリーン（豆の大きさ）、欠点数などでグレーディングされており、品質の良し悪しを知る判断材料になる。品質や価格などに影響する。商品名に記載されていることも。

③ **Elevation**

標高

昼夜の寒暖差が大きい高地は風味豊かなコーヒーになるとされる。同じ緯度であれば、標高が高いほうが高品質のものができやすい。

④ **Roasting**

焙煎度合い

焙煎度合いもコーヒーの味わいを決めるポイント。あっさり味がいいなら浅煎り、コクのある味がいいなら深煎り、バランスのいい味なら中煎りなど、焙煎度合いを見て選べる。

⑤ **Flavor**

フレーバー

どのような味わいなのかをより具体的に表現するために、フレーバーとして、味のコメントが記載されていることが多い。フルーツ系、ナッツ系から始まり、詳細なコメントもある。

⑦ **Roasting day**

焙煎日

コーヒーの風味は保存状態にもよるが、焙煎して1〜2週間が飲みごろ。

| POP |

Pedro Rodríguez Bourbon Washed El Fuerte / Bolivia
Plum, Honey Lemon, Lychee.Long aftertaste. Juicy.

① **ペドロ・ロドリゲス ブルボン ウォッシュト エル・フエルテ**

プラム、はちみつレモン、ライチの風味。長い後味。ジューシーな味わい。

苦　味: ●●	エ リ ア: サンタ・クルス サマイパタ/ボリビア多民族国	①
酸　味: ●●●●● ②	農　園: エル・フエルテ	
コ　ク: ●●●	品　種: ブルボン	
香　り: ●●●● ⑥	標　高: 1,328〜1,526m	③
	生産処理: ウォッシュト	

⑤ シトラス　100g **1,080**yen

④ 中煎り
Medium Roast　200g **2,160**yen

焙煎日
2020. 9. 12 ⑦

| パッケージ |

Chain Stores in Town

街にある
チェーン店カフェは
コーヒーの登竜門

最初のコーヒー体験は
カフェだった、という人も多いはず。
本格派コーヒーを気軽に味わえる
シアトル系のカフェについて
おさらいしておきましょう。

シアトル系カフェは、1980年ごろアメリカで始まり、瞬く間に世界に広がりました。日本ではスターバックスコーヒーが1550以上、タリーズコーヒーが630前後もの店舗を展開。どちらも認知度は抜群です。

1970年ごろまで、アメリカは大量生産・大量消費の時代で、浅く焼いた豆で淹れる「アメリカンコーヒー」がファミリーレストランなどで多く飲まれていました。80年代になると、アメリカ西海岸で、深く焙煎したコーヒー豆で作るドリップコーヒーやエスプレッソなど本格的なヨーロッパ式コーヒーが現れます。カフェラテ、カプチーノ、マキアートなどのコーヒーも大ヒット。スターバックスなど、これらのカフェは「シアトル系カフェ」と呼ばれました。

90年代、コーヒー豆の産地を大切にし、その個性を最大限に引き出す淹れ方を重視する「味わい」を大切にする動きが広がりました。シアトル系をはじめとしたチェーン店のカフェは街の至るところにあり、オープンな雰囲気なので、コーヒーとのファーストコンタクトの場としては最適。メニューも豊富で、初心者からマニアまで気軽に楽しめます。

味わいやすいものから始めて、深い味のものにチャレンジしていくことも可能。まさにコーヒーの登竜門的な役割を担っている存在です。

01 コーヒードリンクの豊富さ

間口が広く、業務用マシンで淹れたカプチーノ、カフェラテや甘みをつけたアレンジドリンクも豊富で、ブラックコーヒーが苦手な人にもオススメ。

02 新しい体験ができる

季節ごとに変わる豆が楽しめたり、同一ブランドのなかでもさまざまなコンセプトショップがある店もあり、新しい体験が楽しめる。

03 セミナーでもっと深く

コーヒーをもっと美味しく味わうためのセミナーを開催しているところもあり、より深くコーヒー体験が楽しめる。

04 登竜門的役割

街中にたくさんあり、コーヒーが苦手な人でも気軽に入れ、価格もリーズナブル。

05 よき相談相手

器具探しやお気に入りのコーヒー豆選びなどの相談にも気軽に応じてくれる。

Miki's Voice

旅先でも多くの地域にあり、どこのお店でも約束された体験を提供してくれます。コーヒーに興味はあるけれど、苦いものは苦手という人は、甘みのついたドリンクから徐々に、カフェラテ→ブラックコーヒーと体験していくのもオススメです。

カフェラテ、マキアート、カプチーノの違い、わかりますか?

MILK: 150-200
ESP: 30

カフェラテ

イタリア語でカフェは「コーヒー」、ラテは「ミルク」のこと。大きめのカップにエスプレッソを30cc入れ、スチームドミルクをたっぷり注ぐ。

MILK: 60
ESP: 30

マキアート

マキアートとはイタリア語で「染みのついた」という意味。デミタスカップに30ccのエスプレッソを入れ、フォームドミルクを少量注ぐ。

MILK: 100-120
ESP: 30

カプチーノ

カプチン会の修道僧の僧服の色に似ていることから命名。カプチーノカップにエスプレッソ30ccを入れ、スチームドミルクとフォームドミルクを注ぐ。

Taste Specialty Store

専門店に行って より深いコーヒー体験を!

こだわりの豆を
挽きたて、淹れたてで飲むと
こんなに違うのかとびっくり。
そんな体験を専門店で
まず、感じてみましょう。

サードウェーブの波に乗り、「ブルーボトルコーヒー」やマイクロロースターなど、スペシャルティコーヒーが味わえる店が次々に誕生しています。日本は昔から自家焙煎店やハンドドリップで丁寧にコーヒーを淹れる喫茶店が多く、実はブルーボトルコーヒーの創始者も、そうした日本の喫茶店での体験が店を立ち上げるきっかけになったといいます。日本には、もともと、美味しいコーヒーをゆっくり味わう文化が育まれていたのです。では、最近増えているコーヒー専門店では、どんな体験ができるのでしょう。

まず、店が買い付けた生豆を、丁寧に自家焙煎し、バリスタをはじめとした専門スタッフが、最高の状態で抽出してくれます。ずらりと並んだこだわりのメニューには、思わず目移りしそうですが、頼めば試飲ができることもあり、豆の特徴や産地、フレーバーなどを解説してくれます。気分に合ったコーヒーを注文すればOK。スイーツメニューを用意しているカフェなら、至福のマリアージュが楽しめます。気に入った豆はもちろん購入可能。好みに合わせた焙煎に応じてくれる場合もあるので、気軽に相談しましょう。

豆のみを扱っている販売店もあります。この場合も、相談に乗ってくれたり、試飲させてくれたりする店が多いので、上手に利用して、美味しいコーヒーを入手しましょう。

1 相談に乗ってくれる

どんな基本的な質問にも丁寧に答えてくれて、好みの味を探す手伝いをしてくれる。そんな店は安心。

2 試飲させてくれる

同じ産地でも地域や焙煎度合いによって香りや味わいは違います。試飲させてくれる店では実際に試してみましょう。

3 豆の情報を教えてくれる

農園、品種、産地など、コーヒーの豆の味わいを知る大きな手がかりとなる情報を聞いてみよう。

4 焙煎日を明示している

コーヒー豆は焙煎から1〜2週間が飲みごろ。いつ焙煎した豆なのか教えてくれる店を選ぼう。

バリスタってどんな職業?

コーヒー専門店などにいるバリスタ。そもそもどんな人を指すのか知っていますか? バリスタとは、もとはイタリア語で「bar(バー)」でサービスをする人」という意味でした。現在では、バーのカウンターに立ち、客からの注文を受けてエスプレッソなどのコーヒーを淹れる職業の人を指します。挽いたコーヒー豆をさまざまな方法で抽出し、豆の選定や焙煎の度合い、挽き方、抽出方法、使用する機材を調整したり、焙煎所に指示を出したりすることもあります。

年に一度、50ヵ国以上のナショナルチャンピオンが腕を競う「ワールドバリスタチャンピオンシップ」という大会があり、2014年には丸山珈琲の井崎英典バリスタがアジア人初のチャンピオンになりました。2017年には本書監修の鈴木樹バリスタが準優勝しています。

Amazing Coffee Experience

丸山珈琲で
おすすめコーヒー体験

スペシャルティコーヒーを知るなら
実際に飲んでみるのが一番。
丸山珈琲でこだわりの味をじっくり
味わってみてはいかがでしょう。

01

コーヒーは
生産者から選ぶ

単一の地域・単一の生
産者のコーヒーで作ら
れるシングルオリジン
は、生産者の名前で紹
介しています。生産者
ごとにユニークな味わ
いを、作り手の見える
コーヒーとして紹介し
ています。気になる生
産者で注文してみて。

丸山珈琲は1991年に軽井
沢で創業以来、日本のス
ペシャルティコーヒーの
先駆けとして知られてきました。オ
ーナー自ら生産地に飛び、豆を買い
付け、こだわりの焙煎によって上質
なコーヒーを味わえるのが特徴です。
軽井沢の本店だけでなく、都内にも
数店あります。常時20種類以上の豆
が並び、スペシャルティコーヒーを
楽しむにはうってつけの店です。豆
の購入はもちろん、喫茶でゆったり
コーヒーを味わうこともできます。

お店は光射す店内でゆったりコーヒー
を飲めます。

02
メニューから
好みの味を探す

メニューには生産者の名前、農園名、品種、フレーバーの特徴、焙煎度合いなどが書かれています。"チェリーやハーブの風味""ビターキャラメルの風味"など書かれているので、好みに合ったコーヒーをチョイスします。

03
ストレートで
飲むの? ミルクは
入れてOK?

コーヒー本来の味をみるためにまずストレートで飲みましょう。コーヒーによっては、ミルクや砂糖を入れても個性が感じられ、味わいの違いが効果的にわかるものも。スタッフにオススメを聞いても。

04
試飲も
もちろんあり

豆を購入するとき、どれにしようか迷ったときは、試飲ができます。フレンチプレスでじっくりと淹れたコーヒーで、味わいの違いを感じて、飲みたいコーヒーを選べます。気軽にスタッフに声をかけてください。

05
豆を挽く
サービスもあり

豆のまま購入するのはもちろん、豆を挽く無料サービスもあります。家にグラインダー(豆を挽く器具、ミル)があれば焙煎された豆を購入して。グラインダーを持っていない場合は店で挽いてもらいましょう。

Miki's Voice

コーヒーは収穫時期や隣り合う畑でも味わいが違ってしまう世界。だからこそ、生産者や農園、地域をしっかり紹介し"この人の作ったコーヒーだから美味しい"ということを伝えたい。作り手で選ぶという新しい提案です。

Convenient Coffee Items

お手軽! 簡単に楽しめる
コーヒーアイテム

慌ただしい朝やアウトドアでは
お手軽アイテムを利用するのもアリ。
最近のものは味が向上しているので
十分楽しめます。

忙 しい朝や時間がないとき
など、できるだけ手間を
かけずにコーヒーを楽し
みたいと思うことはよくあります。
また、家庭でハンドドリップによっ
て抽出する場合、淹れ手によって、
うまくできたり、できなかったりと、
味がブレてしまうのも難点のひとつ。
せっかく豆で買って、手間をかけて
淹れても、うまくいかないと、ちょ
っと残念な気分になります。
　最近は、一杯抽出型のドリップタ
イプコーヒーやお湯に浸すだけのコ
ーヒーバッグ、高品質なリキッドコ
ーヒーなど、手軽なうえ味も平均点
やそれ以上というアイテムが多く出
回っています。一人分から淹れられ
るのでアウトドアでも大活躍します。

シチュエーションに合わせ、上手に
使ってみてもいいでしょう。
　高品質な豆を使ったインスタント
コーヒーも登場しています。これま
でインスタントコーヒーというと、
あまり質のよくない、大量生産の廉
価な豆で作られていました。しかし、
近年は、高品質の豆で作ればインス
タントコーヒーも美味しくなる、と
いうムーブメントが起こってきまし
た。値段も高くなりますが、それだ
けの価値ある味わいが楽しめるのは
嬉しいところです。

Drip coffee

1杯用
ドリップコーヒー

ペーパーの中に1杯分のコーヒー粉が入っているので、直接カップにセット。最初は全体にお湯を注ぎ、20秒ほど蒸らしたら、2〜3回に分けてお湯を注ぐ。適量を守れば美味しいコーヒーが淹れられる。

Coffee bag

コーヒーバッグ

紅茶のティーバッグのコーヒー版。浸漬式の簡易版だ。カップにコーヒーバッグを入れてバッグ全体が湿るようにお湯を少量注ぎ、30秒ほど蒸らす。その後、熱湯を注ぎ足し4分漬けておく。時間がきたら10回ほどバッグを縦に揺らし、成分を振り落としたらできあがり。

Liquid coffee

リキッドコーヒー

コーヒー専門店が扱うリキッドコーヒーは、アラビカ種のコーヒー豆を使い、丁寧に淹れたコーヒーをそのままボトルインしており、高品質の味を家庭でも楽しめる。よく冷やして、薄めずに飲む。お好みでミルクや砂糖を入れてもOK。

Way to Information

コーヒーの情報を どうやって手に入れる?

コーヒーに関する情報も
日進月歩ですから、
店やネットなどをこまめにチェック。
わからないことは
どんどんプロに聞きましょう。

Miki's Voice
多岐にわたるコーヒーの情報を幅広く網羅。
より深く知りたいときは専門書で学んで。

ーヒーを楽しむようになると、基本的な情報はもちろん、新しいトレンドや、ステップアップするための詳しい情報も押さえておきたくなります。そんなときは、情報に一番敏感なカフェや専門店のマスター、バリスタなどにいろいろ聞くのもいいでしょう。また、大手コーヒーメーカーや専門店は自社のホームページを開設しており、常に新しい情報が出ているので、それも参考になります。

YouTubeも便利です。初心者向けから上級者向けなど、いろいろな手法でコーヒーに関する情報を紹介しています。動画ならではの、細かいところまで丁寧に解説してくれるのが嬉しいところです。

お店で聞く

器具やコーヒー豆などは、いきなり通販で買うよりも、専門店に行き、プロの話を聞きながら購入するのが一番安心。本やネットで得た知識以上に、最前線にいるプロたちに1対1で話ができ、彼らが持っている最新情報が聞けるので、間違いない。

一人一人の状況に合わせ、きめ細やかな情報を楽しく、わかりやすく教えてくれます。
Miki's Voice

本を読む

　基本的な情報から始まって、揃えたい道具のこと、豆の種類や選び方など、ベースとなることを学べるのが書籍のいいところ。何度も読み返したり付箋を貼ったりしながらじっくり学べるので、書籍や雑誌から入るのがおすすめ。

Miki's Voice
思わずずっと見続けてしまう充実チャンネルも。自分のペースで見れるのも◯。

ネットを見る

　大手コーヒーメーカーや専門店、個人のカフェなど、今はしっかりとしたホームページがあるので、便利な情報も気軽にゲットできる。オンラインセミナーも人気。手軽な初心者向けのものからプロも受講する専門的なコースまであるので、チェックしてみよう。

YouTubeなどの動画を見る

　豆も買って、淹れ方もわかったけれど、やはり実際にプロが淹れているところを見たいもの。そんなとき便利なのがYouTube。コーヒー関連の動画もたくさんあり、淹れ方など、参考になる。グラインダーなどは高額なのでまず動画を見て比較レビューをチェックして、慎重に選ぶと間違いが少ない。

Miki's Voice
最近では、オンラインのコーヒーセミナーや、基本を学べるプログラムも充実しています。

Knowing Cupping Methods

┌ Coffee Beans ┐

コーヒー豆

11gの豆を用意する。中挽き〜中細挽きがいい。

カッピングを覚えるとさらにコーヒーが楽しくなる

コーヒーの品質評会で行う
カッピングを知ると
味わいの奥深さに触れられます。
自分の好みを探す
きっかけにもなります。

コーヒーの味を確かめることを「カッピング」ということは、P48で紹介しました。カッピングは、コーヒーの品質を決める重要な作業。生産国では豆を出荷する前に行いますし、消費国の問屋、ロースター、販売店など、流通業者もさまざまな場面で行い、ランクなどを決めるための欠かせない作業のひとつになっています。特にスペシャルティコーヒーが登場してからは、プロだけでなく、一般消費者が趣味として楽しみ、好みを知るきっかけにしています。

品評会で行われるカッピングには細かい規定がありますが、個人で楽しむのであれば、基本を押さえておけば十分。必要な道具とおおまかな手順を覚えて、カッピングにチャレンジしてみましょう。お店などが無料で開催するパブリックカッピングもあるので参加してみてもいいですね。

カッピングの際、2種類以上の豆を比較する場合は、豆の量やお湯の量・温度などは揃えること。さらに、評価やイメージは必ずノートに書きとめておくと、自分の好みの豆を探すヒントになります。

Cupping Bowl

カッピングボウル

白いカップがおすすめ。2種類の豆を比べるなら同じものを2つ用意。

Hot Water

湯

ケトルなどで沸騰させた190〜200ccの熱湯を用意する。

Rinse Cup

すすぎ用カップ

かき混ぜたスプーンをすすぐためのカップ。水を入れておく。

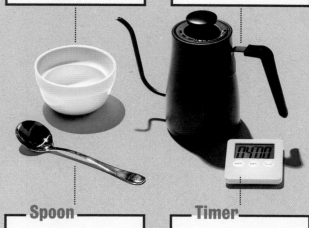

Spoon

スプーン

かき混ぜたり、味を確認するときに使う。先が丸いものがおすすめ。

Timer

タイマー

コーヒーを抽出するときの4分間をはかる。スマホの機能でも可。

Scale

はかり

豆の重さを量るときに使う。0.1gがはかれるデジタルタイプがいい。

How to cupping?

1 香りを確認する

豆を中挽き〜中細挽きにして、カッピングボウルに入れ、粉の状態で香りを確認する。これを「ドライ」という。

2 お湯を注ぐ

お湯を注ぎ、コーヒーの粉でフタをされた状態を「クラスト」という。このときの香りを確認する。

3 再び香りをかぐ

4分経過したら、スプーンで3〜4回かき混ぜて、香りを確認する。これを「ブレイク」という。

4 味を確認する

カップの表面のアクやカスをすくい取り、スプーンでコーヒー液をすすり、味を確認する。

Taste
by
Visual

視覚効果によって
美味しさがアップする

カフェでコーヒーを頼むと
白いカップに入ってくることが多いでしょう。
コーヒーの味わいによっては
色のついたカップの視覚効果で
さらに魅力を引き出せることも。

力フェで白いカップを使う
のは、焙煎度合いなどに
よって、コーヒーの色が
微妙に異なることを見てほしいから
です。焙煎が深いと黒い色になり、
浅いと明るい赤茶色などになります。

それがはっきりわかるのが白いカ
ップ。濃い色のカップを選んでしま
うと、微妙な違いに気づきにくく、
味わいの違いを楽しむことを、とき
に阻害してしまうこともあります。

一方で、色つきのカップを使うこ
とで、味覚の錯覚を起こして、魅力
を引き出すこともあります。視覚と
いうのは、人の他の感覚にも大きな
影響を与えることがわかっています。
ある実験では、白ワインに赤い色素
をつけて被験者に飲ませたところ、

多くの人は「赤ワインだ」と感じた
といいます。色で味覚が誘導された
わけですね。それをポジティブに楽
しむことで、味わいの世界を広げる
こともあります。

たとえば、柑橘系の酸味の強いコ
ーヒーを飲むとき、オレンジ色のカ
ップに入れると、酸味が強く感じら
れることがあります。味覚と視覚が
ひとつになって、伝えたい魅力のガ
イドになるのです。お店によっては、
コーヒーのフレーバーをイラストに
していることも。

味覚は感覚的なものなので、言語
化するのが難しいときがあります。
それを視覚の側から誘導して、味わ
いの世界を広げるお手伝いをしてい
ると考えればいいでしょう。

焙煎の違いが
ハッキリわかる

2つの白いカップに焙煎度の違うコーヒーを入れると、微妙なコーヒーの味わいの違いを感じやすくなります。コーヒーそのものの色の違いを味わいたいとき、初めて購入したコーヒーを楽しむときなどはまず白で。

Miki's Voice

白いカップなら焙煎による液色の違いだけでなく、抽出による違いもわかりやすく見ることができます。金属フィルターの抽出のものは、表面にキラキラと油分が浮いており、ペーパーフィルターのものは美しい透明感を持っています。

Miki's Voice

カップだけでなく、コーヒーのパッケージにも効果的に使われていることがあります。たとえば、ベリーのような味わいのあるコーヒーには赤系の色が使われていたり、どっしりと重厚感のある味わいには茶色が使われていたりします。

酸味を
より感じやすくなる

オレンジ色のコーヒーカップに酸味のある爽やかなコーヒーを淹れると、味覚と視覚が相乗効果となって、コーヒーの酸味が感じやすくなった、ということもあります。オレンジ色の濃さを変えてみても。

絵柄が
味を誘導する

コーヒーのメニューの横に、チョコレートやチェリー、桃のイラストがついていて、それによって、コーヒーの味わいを誘導してくれていることもあります。絵柄のついたカップを選んで視覚でも楽しんで。

Miki's Voice

バリスタの大会でもこの手法を取ることがあります。写真やイラストを見ながら飲むことで、その味わいをより見つけやすくなります。人によって想像するものは異なりますが、イラストや写真で、具体的なイメージを共有できます。

Enjoy your Decaffeinated Coffee

いつでも楽しめる
デカフェって何?

健康上の理由や飲む時間帯など
カフェインレスのコーヒーを
飲む人も増えています。
処理方法も進化しており、
美味しいデカフェが登場しています。

カフェインを取り除いた
「デカフェ」。カフェイン
除去作業は、生豆の段階
で行います。かつては有機溶媒に漬
ける処理方法が行われていましたが、
近年では、水を使用するスイス式水
抽出法(The Swiss Water® Pro-
cess)や、超臨界二酸化炭素と水の
みを使う超臨界CO₂抽出法などの方
法が開発されています。

カフェインが除去された豆を焙煎
することで、デカフェコーヒーが誕
生します。デカフェは香りが飛んで
しまい、味わいが今ひとつだ、とい
われていましたが、最新の方法では
香りや風味を損なわず、カフェイン
のみを除去できるので、安心して美
味しく飲むことができます。

1 | 豆を水に浸す

カフェイン除去用水に、生豆を入れる。
カフェインは、平衡点(つり合いがとれ
るところ)を求めてコーヒー豆から、カ
フェイン除去用水に移動する。

1 | 圧を加える

水に浸した生豆を加圧・加熱し、超臨
界状態にした二酸化炭素を投入してカ
フェインを抽出する。

超臨界：気体と液体の性質を併せ持つ状態。こ
の状態の二酸化炭素は、生豆の内部に浸透しや
すく、効率的にカフェインを抽出できる。

加圧・加熱　　二酸化炭素

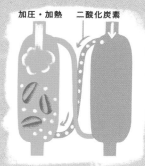

2 カフェインを除去する

カフェイン除去用水を取り出し、カーボンフィルターでろ過し、カフェインのみを除去する。

3 豆を乾かす

カフェインが除去されたカフェイン除去用水を、再度生豆の入ったタンクに戻す。約8〜10時間。コーヒー豆が99.9%カフェインフリーになるまで、このプロセスを繰り返す。カフェインが除去された生豆を乾燥させる。

超臨界CO₂抽出法

2 カフェインを回収する

圧力を下げて二酸化炭素を気体に戻し、分離したカフェインを回収する。

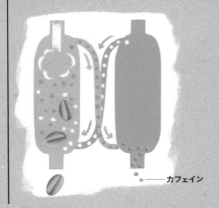

カフェイン

3 豆を乾かす

生豆を乾燥させる。

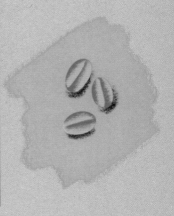

コーヒーと健康にまつわる噂を検証!

近年、コーヒーの成分がさまざまな疾病予防にいいらしいという報告が多くされています。どんな成分がカラダにいいのでしょう。

まず、コーヒーの成分として有名なものは「カフェイン」です。中枢神経を刺激し、脳の働きを活性化する働きや、疲労感の軽減、胃液分泌の促進などに効果があるといわれています。仕事や勉強の合間に1杯のコーヒーを飲むことは、理に適っているというわけですね。

カフェイン以外で最近注目されているのが、ポリフェノールの一種である「クロロゲン酸」です。なんと、膵臓の細胞の働きを高めるため、2型糖尿病の予防に効果があるとの報告がされています。

クロロゲン酸は、ほかにもカラダの中の炎症を抑え、酸化を予防する働きがあり、肝臓がんや子宮体がんの発症を抑える効果があるといわれています。

コーヒーの効用が発表され、愛飲家は嬉しい限りですが、飲みすぎると、カフェインの作用によって、不眠症になったり、胃酸分泌過多による胃もたれ、肌荒れなども起こしかねません。

適量を守って、美味しく楽しむようにしましょう。通常、1日3〜5杯程度がいいようです。

またP70ではカフェインレスのデカフェを紹介しています。クロロゲン酸をとりすぎると低血糖になる可能性も。デカフェだからといって飲みすぎないよう、注意しましょう。

Chapter 3

コーヒーを淹れる前に知っておきたいこと

Several Ways to Drip

淹れ方の三原理を知ろう

コーヒーの成分をお湯や水に
しっかり溶けだささせることが
「淹れる」という作業。
「淹れ方」を知れば
美味しいコーヒーが味わえます。

コーヒーの淹れ方には大きく分けて透過式、浸漬式、加圧式があります。透過式は、お湯にコーヒーの粉を通過させることで成分を抽出する方法。ドリッパーの種類や豆の量や湯の注ぎ方、抽出時間などを選べるので、自由度が高い淹れ方ですが、その分、技術が求められます。浸漬式はお湯に粉を漬け込んでコーヒーの成分を抽出する方法です。手順が簡単で味にブレがないのが特徴です。しっかり漬け込む必要があるので、所要時間は4分と、少し長めです。加圧式は圧力をかけて20〜30秒という短い時間に成分を抽出する方法。濃縮したコーヒーが淹れられます。

ペーパードリップ
透過式

フレンチプレス
浸漬式

エスプレッソ
加圧式

ドリッパーの形の違いが味の違いになる

バランス
🫘🫘🫘🫘🫘

コク
🫘🫘🫘🫘🫘

淹れやすさ
🫘🫘🫘🫘🫘

透過式の代表はペーパードリップ。手入れも簡単でリーズナブルなため、コーヒー好きなら一度は使ったことがある道具でしょう。

ドリッパーには、大きく分けて台形型と円錐形型があり、前者は「カリタ式」「メリタ式」、後者は「ハリオ式」「コーノ式」などがあります。

ドリッパーは外見だけでなく、液が出る穴の数や大きさ、内側についた凹凸の形状などが異なり、それによって抽出されるコーヒーの味も異なってきます。自由度が高い分、淹れる人の技術も必要になります。ドリッパーの種類はP78で紹介しています。

香り高いコーヒーが手軽に淹れられる

バランス
🫘🫘🫘🫘🫘

コク
🫘🫘🫘🫘🫘

淹れやすさ
🫘🫘🫘🫘🫘

イタリアで開発され、フランスで流行した淹れ方で、日本では紅茶を淹れる器具として認知されてきました。スペシャルティコーヒーの出現で、素材の味をそのまま楽しめるフレンチプレスでコーヒーを淹れる人も増えています。

淹れ方は簡単で、器具のなかに粉を入れたらお湯を注ぎ、コーヒーの成分が引き出せたら、ゆっくりプランジャーを押し下げるだけ。ペーパードリップだとフィルターが吸着してしまうコーヒーオイルも、しっかり抽出でき、香りが豊かです。淹れ手によって味のブレが少ないのも魅力です。

高圧で素早く香り高いコーヒーを抽出する

バランス
🫘🫘🫘🫘🫘

コク
🫘🫘🫘🫘🫘

淹れやすさ
🫘🫘🫘🫘🫘

原理としては透過式ですが、フィルターの中に粉を詰めて、ここに高気圧をかけて短時間で抽出する点が特徴的。

エスプレッソは極細挽きの粉を使い、粉20gに対して60cc程度しか抽出されないため、大変濃縮された味になりますが、高品質の豆を使い適正に抽出されたエスプレッソは苦味だけではなく、甘味や酸味などのコクも感じられます。

家庭用のエスプレッソマシンもさまざまなものが販売されています。濃度が濃くアレンジがしやすいため、牛乳と合わせてカフェラテにするなど幅広いメニューに対応できます。

Coffee Equipments ①

1 →

4 →

最初に揃えたい道具①
浸漬式&加圧式の器具

コーヒーの持ち味を
丸ごと抽出できるのが
浸漬式の魅力です。
エスプレッソ好きなら
加圧式のマキネッタもおすすめ。

初心者でも簡単にコーヒーを淹れられるのがフレンチプレスに代表される浸漬式で、コーヒーの粉に直接お湯を注ぎ、成分を引き出す方法です。分量を間違わなければ誰でも美味しく淹れられます。ペーパーフィルターを使わないので、ペーパーフィルターが吸着しがちなコーヒーオイルもしっかり抽出され、香りも豊かです。長時間漬けてしまうと、えぐみが出ることも。時間をきちんと守り、美味しいコーヒーを淹れましょう。

加圧式は、高い圧力をかけた湯を瞬時に抽出するエスプレッソマシンなどに代表されます。抽出力が強いので、苦味や濃厚さが際立ちますが、高品質の豆を使って適正に抽出されれば、甘味や酸味なども感じられます。エスプレッソマシンが自宅になくても、エスプレッソが簡単に楽しめるマキネッタは、モカポット、モカエキスプレスとも呼ばれます。イタリアの家庭の味わいで、直火で約2気圧の圧をかけ本格的な味わいを楽しめます。エアロプレスは浸漬式と加圧式の両方の要素を持つハイブリッドな器具で、レシピごとに多彩な味わいがあります。

| 浸漬式 | 加圧式 |

1 — Siphon

サイフォン

フラスコに入った沸騰したお湯が上のロートに押し上げられ、セットされたコーヒーの粉と接触。熱源からロートとフラスコをはずすと減圧し抽出される。高温短時間の抽出で豊かなフレーバーに。

2 — French Press

フレンチプレス

湯を入れるポット部分と、金属フィルターがついたプランジャーからなる抽出器。0.35ℓでも1ℓでも、量にかかわらず、4分で抽出できる。淹れ手による味のブレが少ないのが魅力。

3 — Aeropress

エアロプレス

コーヒーの粉、お湯を入れて、注射器のように圧力をかけて抽出する。浸漬式と加圧式のハイブリッドともいえる。器具を逆さにして抽出する「インバート方式」もあり。

4 — Macchinetta

マキネッタ

沸騰したお湯が蒸気によって押し上げられ、コーヒー粉を通った液体が管を上昇して、上部の穴からサーバー内に落ちる。エスプレッソほどではないが、濃縮した味が楽しめる。

5 — Espresso Machine

エスプレッソマシン

フィルターにコーヒー粉を詰め、圧力をかけた湯を通すことで素早く濃厚なコーヒーを1〜2杯分だけ抽出する。抽出に成功すると「クレマ」と呼ばれる泡の層ができる。

Coffee Equipments ②

最初に揃えたい器具 ②
ドリッパー

自宅でコーヒーを淹れるための
道具を揃えていきましょう。
日本人に馴染み深いのが
ペーパードリップですが、
実はいろいろ、種類があります。

透 過式のペーパードリップ
は、手入れが簡単で値段
もリーズナブル。馴染み
もあるので、最初に挑戦したくなる
人も多いはず。ドリッパーは各社い
ろいろ出していますが、似ているよ
うで形が微妙に異なり、お湯の落ち
る速度やドリッパーからの抜け方が
変化し、抽出されるコーヒーの味わ
いに特徴が出ます。

ドリッパーにお湯が滞留している
時間が長ければコクのある味になり、
短ければ軽やかな味になります。
「なぜこういう形になっているのか」
を知って選ぶことで、好みの味のコ
ーヒーを淹れることができます。

カリタウェーブ
（ウェーブ状のフィルター）

底面が平らで、3つの
穴が三角形に並び、側
面がウェーブ状になっ
た専用のフィルターを
使う。底面が平らなの
で、お湯と粉が十分に
接し、バランスのよい
味わいになる。

ケメックス

サーバー一体型のおし
ゃれなドリッパー。溝
（リブ）がないため、お
湯の抜けが遅い。専用
フィルターの折り方を
工夫したり、金属の円
錐フィルターと組み合
わせるなど、自分好み
の味に調整可能。

ハリオV60透過ドリッパー

スパイラル状になった
長い溝（リブ）と底面の
大きな1つ穴が特徴。
お湯を早く注げば透明
感のある味わいに、ゆ
っくりと注げばコクの
ある味わいにと、自由
度が高い。

台形型

コーノ

溝が下方に直線状についているため、ハリオ式よりもお湯の抜けが遅く、その分、ボディ感のある味わいになる。

メリタ1つ穴

底面に小さな穴が1つあり、縦型のリブがある。お湯の抜けが遅い。お湯の流れやスピードが自然とコントロールされ、味のブレが少ない。お湯と粉が長時間接し、どっしりした味のコーヒーになる。

ORIGAMIドリッパー

20ある溝がドリッパーとペーパーの間に空間を作り、1つ穴でお湯の抜けをスムーズにしている。ペーパーフィルターは円錐形型、ウェーブ状がどちらも対応でき、自由度の高い抽出が可能。

カリタ3つ穴

台形状の底面に3つの穴が一列に並んでいる。お湯の通りは、ゆっくりなので、どっしりとした味わいのコーヒーになる。

Miki's Voice

ドリッパーは製品によってコンセプトが異なります。カリタ式のウェーブドリッパーは注湯によるブレがなく、安定した抽出。ハリオV60透過は抽出の自由度が高いなどさまざま。毎回安定して淹れたいか、こだわりの一杯がいいか、目的に応じて選ぶことをおすすめします。

Filter
And
Server

美味しく淹れるための
道具 ①
フィルター、サーバー

ドリッパーを決めたら
ペーパーフィルターをセット。
さまざまな形状がありますが
ドリッパーごとに製造された
専用のものがおすすめです。

円錐形型

広げると円錐形になるので、側面のシール部分
を折ってからドリッパーにセットして使用。コー
ノ式とハリオ式がある。

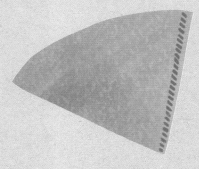

ド リッパーの形状には大き
く分けて台形型と円錐形
型があります。おすすめ
は、ドリッパーのメーカーが出して
いる漂白タイプのフィルター。紙の
厚さや加工などもドリッパーの抽出
原理に基づいて製造されているので、
形が似ていても、微妙な違いがあり
ます。ドリッパーと一緒に購入して
おくとよいでしょう。

一度に何杯も淹れるときは、抽出
したコーヒーを受けるサーバーを用
意しておくといいでしょう。目盛り
が付いたガラスのサーバーは、抽出
量が把握できるので、おすすめです。

サーバーの選び方

ウェーブ状

側面に波上の溝(リブ)があるタイプ。お湯を注いだとき、フィルターがドリッパーに密着しないので味にブレが出ない。

台形型

広げると底面部分が直線になっている。底と側面のシール部分を交互に折ってからドリッパーにセットして使用する。

1 | 形状

ドリッパーは、メーカーによって大きさが異なるため、ドリッパーとサーバーは同じメーカーのものを使うとジャストフィットして安定する。純正のものの多くはガラス製を採用している。サイズはドリッパーに合わせて選ぶようにする。

2 | 大きさ

コーヒーを淹れる量に合わせてチョイス。大きなサーバーで少量を抽出すると、保温が利かず、風味も損ないがち。もし1人分ならば、サーバーがなくても、マグカップなどにそのままドリッパーをのせて抽出してもOK。

品質を管理するには

ペーパーフィルターの保管方法

ペーパーフィルターは、紙の繊維でできているため、匂いを吸着しやすいものです。食品の近くで保存していると、その匂いがついてしまい、コーヒーを抽出したらなんだか変な匂いがする、ということも。外気に触れないようにして、密閉できる袋などで保存するようにしましょう。

Drip Kettle And Scale

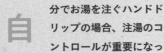

美味しく淹れるための
道具 ②
ドリップケトル、スケール

ドリップで淹れる場合、
入手しておきたいのが
ドリップケトルとスケール。
特に注湯を調整できる
ドリップケトルはあると便利。

自分でお湯を注ぐハンドドリップの場合、注湯のコントロールが重要になってきます。コーヒーの粉の上に注ぐお湯の太さや量、落とす場所などをコントロールできると、コーヒー成分の抽出がスムーズにできます。普通のヤカンは注ぎ口が短かったり、太かったりして、調整が難しいものです。特に最初の注湯は細くゆっくり注ぐことが大事なので、注ぎ口の細いドリップケトルが便利です。

　コーヒーを美味しく淹れるためには、コーヒー豆や粉の重さとお湯の量と時間をきちんと計測することが大事。時間も重さもはかれるコーヒー用スケールが1台あると便利です。

スケール

コーヒーをハンドドリップで抽出するとき、0.1gまで量れて時間もわかるスケールにのせ、重さを明確に抽出すれば、安定した味わいを淹れやすい。

1 材質

さびにくいステンレス製、お湯が冷めにくいホーロー製、熱伝導率が高くお湯が温まりやすい銅製など、素材によって特徴が違うので、使い勝手のいいものをチョイス。

2 機能性

自宅のコンロ事情に合わせ、直火やIHに対応しているかもしっかりチェックしよう。電気でお湯が沸かせるタイプには、設定した温度に保温できるものもあるので便利。

3 大きさ

コーヒーを淹れる量に合わせて大きさを選ぼう。お湯が入ったときにケトルが重くなるため、無理せず持てるサイズのものを。1人分の小型で軽量なものも。お湯がすぐ沸き、収納にも便利。

---こんなのもあります！---

ドリップケトル・エアー

目盛りが付いた透明なプラスチック製のドリップケトル・エアーもおすすめ。沸騰したお湯を入れれば準備完了。あとは、ケトルの目盛りを見ながらコーヒーを抽出するだけ。軽量なので女性でも使いやすい。

スケール+タイマー

重さをキッチンスケールで量り、時間をキッチンタイマーで計って抽出するのでも、もちろんOK。時間はスマートフォンで計測するのもあり。キッチンスケールは、サーバーが置ける大きさのものを選ぶ。

Miki's Voice

ドリップケトルがない場合は、耐熱性の計量カップや急須などでお湯を注いでもOK。旅先では、紙コップの口を折り、注湯をコントロールできるようにすると、安定したコーヒーを淹れることができます。

Best Ways to Scale

覚えておきたい
コーヒーの正しい量り方

コーヒーの分量を正しく
量ることで味に差が出ます。
おすすめしたいのは、
コーヒースプーンよりも
スケールを使うことです。

1

道具をセットする
キッチンスケールの上に、サーバー、ド
リッパー、フィルターをセットする。

4 章から、いよいよコーヒーの淹れ方を実際に紹介していきますが、本書では、「コーヒー粉量12g」など、グラムで紹介しています。このとき、コーヒーはコーヒースプーンではなくスケールで量ることが重要です。

コーヒーは豆1粒あたりの重さが焙煎度合いによって変化します。焙煎度合いが深くなると、豆に含まれる水分量が少なくなります。したがって、スプーンで同じ量をすくっても、浅煎りと深煎りでは重さに変化が生じてしまうのです。コーヒースプーンには10gと書いてあっても、実際は9gしかない、ということにもなりかねません。すると、レシピ通りにコーヒーを淹れることができ

なくなる、というわけです。

コーヒー豆（粉）は、P82で紹介したコーヒー用スケールか、キッチンスケールなどを使って正確に量ることで繊細な味を実現してください。

豆、粉、お湯、時間をしっかり計測することが美味しいコーヒーを淹れるための重要なポイント。コーヒースケールなら重さと時間が同時に計測でき、1台あると便利です。

2 — メモリをゼロに

キッチンスケールの電源を入れ、メモリをゼロ(0)にする。

3 — 粉を量る

フィルターに粉を入れて計量する。メモリを見て正しい量を用意。

— Miki's Voice

コーヒーの計量、どうやって行っていますか？ コーヒーに付いてきた計量スプーンを使っている人もいると思います。実は、計量スプーンはメーカーによって容量が違います。グラムを正しく計量するのにはデジタルのキッチンスケールが便利です。正しく量るだけでも、コーヒーの味は変わります。

4 — コーヒーを淹れる

お湯の注湯量のコントロールにも便利。秤で何gのお湯を注ぐか量ると味が安定する。

※水1ml＝1g

Goods
to
Step Up

こんな器具を揃えて
ワンランクアップ

ここまでで紹介した器具で
十分美味しいコーヒーは
淹れられますが、ステップアップを
したい人には、次に揃えるべき
グッズをご紹介します。

コニカル式

円錐型の刃が使われるミル。豆をすりつぶして
粉砕する。手動と電動どちらにも採用され、製
品ごとに粉の粒度の差が大きい。

— Miki's Voice
チタン製で大きさが揃う高級ハンドミ
ルもあります。

コーヒーの道具をひと通り揃えたけれど、淹れてみると、納得できる味にはなかなかならない。そんなときに揃えてほしい道具のひとつにコーヒーミルがあります。コーヒー豆は粉に挽くと表面積が増えるため、香りが飛びやすく、酸化・劣化も進みます。豆で購入し、淹れる直前に自宅で挽くことでコーヒーの味は飛躍的にアップします。

ミルのタイプは、刃の種類によって3つに分けられます。おすすめは、「コニカル式」と電動タイプに多い「フラット式」。どちらも挽き目を揃えやすいのが特徴。「プロペラ式」の電動ミルは、小型で価格もリーズナブルですが、粒の大きさは挽く時間の長さで調整するため、サイズが揃いません。挽いたコーヒーは、どうしても微粉が生じてしまいます。味にこだわる人は、コーヒー用のふるいで微粉を取り除くとクリアなコーヒーに仕上がります。

また、味わいを一定にするには、抽出中の湯温を調整することも大事です。沸騰直後の高温の湯で淹れればコクのある味になり、80度前後の湯で淹れればまろやかな口当たりになるなど、湯温の高低によって味わいが異なります。

フラット式

2枚の刃があり、一方を固定し、一方を回転させることで豆を粉砕していくミル。比較的、粉の粒度は揃う。

プロペラ式

プロペラ状の刃が回転して豆を粉砕していく。粒の大きさが揃わず、大量の微粉が出るため、推奨しない。

温度計

ふるい

アナログ、デジタル

アナログのもの、デジタルのものがあるので、使い勝手のいいものを選ぼう。ヤカンにとりつけられるものも。

コーヒー用ふるい

挽いた粉に混じっている微粉を取り除く。粉を入れて上下にシャカシャカと1分ほど振れば、かなりの微粉が除去できクリアな味に。

Miki's Voice

粉のサイズごとに分別できるのも人気です。

Optimum Cup for You

自分に合う
コーヒーカップを
選ぼう

コーヒーをより美味しく
引き立ててくれるのが
コーヒーカップ。
飲むコーヒーに合わせて
選ぶのがポイントです。

コーヒーカップといっても、
デザインはいろいろあり
ます。一般的なコーヒー
カップは、紅茶用のティーカップに
比べて口が狭く、底が深めになって
います。これは、時間がたっても冷
めにくいように、という配慮からだ
といわれています。120〜140cc入
るものが一般的なサイズです。

少量で濃厚なエスプレッソには、
90ccほどのカップが使われます。
厚手で口径の狭いものが伝統的です。
コーヒーカップもデミタスカップも、
最近はワイングラス同様、コーヒー
を味わうという体験を向上させるた
めにデザインされたものが増えてい
ます。カプチーノカップはフォーム

ドミルクを入れたり、ラテアートを
するため、口径が広くなっています。

このようなカップの特性を踏まえ
て、コーヒーによってカップを選ぶ
ことも美味しく飲むポイントになり
ます。

飲み口の厚さ

飲み口が薄いと口当たりが柔らかくなるので香
りやフレーバーを感じやすくなる。おすすめは
浅煎り。飲み口が厚いとボディやコクを感じや
すい。保温効果も高い。おすすめは深煎り。

形状

香りを楽しみたいなら、口径が狭く全体は丸み
のあるものがいい。カップ内に香りが立ちやす
い。口径が広いものは、明るい酸味やフレーバ
ー、質感のなめらかさを感じやすい。

種類

1 | Mug
マグカップ
ソーサーはなく、やや縦長の円筒型。200〜350cc入るので、レギュラーコーヒー、カフェオレ、アメリカンコーヒーなど、いろいろな用途に使われる。

2 | Coffee Cup
コーヒーカップ
ハンドル付きのカップでソーサー付き。容量は150〜200cc。飲み口の薄いものは酸味のあるコーヒー、厚手はコクのあるコーヒーなど、味によって使い分けて。

3 | Espresso Cup
エスプレッソカップ
エスプレッソ1ショットを入れるための、容量60〜90ccの小さなカップ。少量でサーブするエスプレッソを考慮し冷めないように厚手の設計のものが多い。

4 | Cafe Au Lait Bowl
カフェオレボウル
お椀のような形でハンドルがないカップ。フランスではパンをカフェオレにつけて食べたため、口が広い形になっているともいわれる。容量は200〜250cc。

5 | Cappuccino Cup
カプチーノカップ
エスプレッソにミルクを注ぐカプチーノを飲むときに使う。保温性を高めるため厚手の設計になっている。ラテアートがしやすいように口が広めになっているものも。容量は160〜350cc。

6 | Demitasse Cup
デミタスカップ
Demi＝半分、tasse＝カップを表し、容量は90ccで通常のコーヒーカップの約半分の大きさ。食後に飲む濃いコーヒーやエスプレッソを飲むときに使われる。

Beans and Storage Method

味を守る！
コーヒー豆の
保存方法

コーヒーは鮮度が大事。
適切な保存方法と場所を知り
4つの敵をシャットアウトすれば
大切なコーヒーの味わいを
守ることができます。

酸素

コーヒーは空気に触れると、周りの匂いや酸素と結びついて酸化が始まる。酸化したコーヒーは嫌な酸っぱさやえぐみが出てしまう。

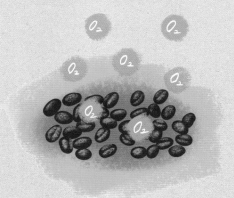

コーヒー豆はとてもデリケートな食品です。保存状態が悪いと風味はどんどん落ちていきます。生鮮食品のつもりで丁寧に扱い、できるだけ鮮度を保つようにしましょう。

コーヒーは、焙煎前の生豆状態なら、直射日光と湿度を避け、風通しのいい場所に保管すれば3年ほど保存できるといわれています。しかし、いったん焙煎してしまうと、そこから酸化が始まり、香りも飛びやすくなります。

コーヒーの敵は大きく分けて「酸素」「光」「熱」「湿気」の4つです。これらにさらされると、酸化が加速し、風味が落ちたり、アロマが抜けたりしてしまいます。劣化したコーヒーは、どんなに上手にドリップしても、豊かな味わいにはなりません。豆を挽いた粉の状態になると、さらに劣化は進みやすくなります。

豆や粉で買って帰ったコーヒーは、密閉できる容器に入れ、温度変化の少ない冷暗所で保存しましょう。理想的な容器は、ジッパー付きで、ガス抜きができるバルブが付いた遮光性の高い袋。専門店の場合は、多くがこうした袋に入れてくれるので、そのまま保存すればOK。ガラスのキャニスターなどはおしゃれですが、豆の保存にはあまり向きません。

光

コーヒーは光に当たると、風味や香りが落ちるので、直射日光が当たる場所には置かない。太陽光だけでなく、蛍光灯もブロックしよう。

熱＆湿気

温度が上がるとコーヒーの揮発性の香りやアロマが抜け、酸化も促進される。湿気もコーヒー劣化を引き起こす要因になる。夏場は特に注意。

ジッパー＆バルブの付いた遮光性の高い袋がベスト

ジッパー

酸素からコーヒーを守るのが密閉できる袋。ジッパー付きがベスト。必要な分だけ取り分けたら空気抜きをしてから閉めるとよい。

バルブ

コーヒーは焙煎後、少しずつ二酸化炭素を放出しているのでガス抜きバルブが付いた袋がおすすめ。焙煎したてでバルブがないと破裂する危険性も。

Best Storage Place

飲みごろと保存場所の 適切な関係を知る

保存に適した袋に入れても
保存場所によっては
コーヒーが早く劣化します。
飲みごろも見ながら
適切な場所で保存しましょう。

— Miki's Voice —

古くなってくると、豆の表面に
油分が浮いてくることがありま
す。保存のときは見た目の変化
も劣化の目安にしてください。

実はコーヒーにも飲みごろがあります。コーヒーが一番美味しいのは、豆を焙煎してから1〜2週間後。焙煎直後が一番美味しそうと思いがちですが、実はそうでもありません。焙煎したては、炭酸ガスが大量に発生し、コーヒー成分の抽出を阻害することがあるのです。

通常は、焙煎から3〜5日程度落ち着かせる「エイジング」を経て、2週間後ぐらいまでが飲みごろになります。ですから、焙煎した豆を購入して、2週間前後であれば、温度変化の少ない冷暗所に保存すればいいでしょう。

2週間以上の保存になると、劣化が始まるので、常温だと心配です。その場合は冷凍庫での保存がおすすめ。香りの抜けや二酸化炭素の放出が抑えられ、劣化のスピードを遅らせることができます。

冷凍庫が難しい場合は冷蔵庫でも大丈夫ですが、冷蔵庫内はいろいろな食品の香りを吸着しやすいので、冷凍庫よりは早めに使うようにしましょう。豆を挽く際の摩擦熱で室温に戻るため、解凍せずに挽きます。粉の場合も、解凍せずに使用しましょう。

豆の種類や季節などによっても、鮮度は変わってきます。いつまでも美味しさを保つためには、正しい保存がとても大切です。

1 焙煎したてを買ってきたら 冷暗所へ

飲みごろは焙煎から1～2週間。2週間くらいまでは日の当たらない冷暗所で保管を。温度が高いところはNG。ファスナー付きの専用袋なら、そのまま保存して構わない。

2 2週間を過ぎるなら 冷凍庫へ

1～2週間で飲みきれない場合は、密閉容器に入れて冷凍庫へ入れて。冷凍することで劣化のスピードが遅らせられる。解凍はせず凍ったまま挽いて大丈夫。

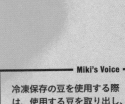

3 冷蔵庫保存は 早めに飲み切る

冷蔵庫がいっぱいで入らない場合は冷蔵庫もあり。なるべく温度変化の少ない奥に入れることで結露を防ぎ、早めに消費するようにしよう。長期保存はおすすめできない。

Miki's Voice

冷凍保存の豆を使用する際は、使用する豆を取り出し、速やかに容器を密閉し冷凍庫に戻しましょう。豆が冷凍解凍を繰り返すことを防ぎ、劣化を遅らせます。

進化するコーヒーメーカー

コーヒーの世界でもIT化は進んでおり、技術の進歩には目を見張るものがあります。毎年新たな器具が発売されますが、話題のものを紹介します。

ひとつは、2019年にグッドデザイン賞ベスト100を受賞した「GINAスマートコーヒーメーカー」です。見た目は普通のドリップ式コーヒー器具ですが、台座に内蔵されたスケールがアプリと連動し、コーヒーの粉、お湯の量を計測し、抽出時間を正確に指示し、コーヒーを淹れる人を導いてくれる優れものです。

抽出した記録はアプリに保存できるので、味の再現が簡単にできるのも嬉しいところ。この器具だけで透過式、浸漬式、水出しの3つの抽出が可能。幅広い味作りができます。

もうひとつは、「iDrip」というコーヒーメーカー。こちらは、いわゆる自動でコーヒーが抽出されるマシンです。他のマシンとの大きな違いは、専用のコーヒーバッグにあるバーコードを読み取らせると、世界のバリスタが監修した抽出メニューがクラウド上から呼び出され、その場でマシンが再現してくれるという点。機械でありながらハンドドリップに劣らぬ深い味わいが楽しめます。

そのほか、「V60オートプアSmart Qサマンサ」は、Bluetoothにも対応しています。スマートフォンアプリでのレシピ作成や、有名バリスタのレシピをダウンロードして家庭で再現できます。

Make Delicious Coffee

Chapter

4

美味しいコーヒーを淹れる

Easy Paper Drip

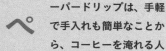

ペーパードリップ

手軽にできて
クリアな味わいを引き出せる
もっともポピュラーな淹れ方。
ドリッパーのタイプによって
淹れ方も味も変わってきます。

Server

Drip Kettle

Dripper

Filter

ペーパードリップは、手軽で手入れも簡単なことから、コーヒーを淹れる人なら誰もが一度は経験したことのある方法ではないでしょうか。コーヒーを淹れるといったとき、この方法を思い浮かべる人が多いものです。

ペーパードリップの味わいの決め手となるのは、①ドリッパーの形状、②粉の粒度、③お湯の注ぎ方と温度。3つの組み合わせで幅広い味わいが抽出できます。

ドリッパーの形状ですが、ドリッパーは台形型や円錐形型が代表的です。メーカーによって穴の数や位置、リブと呼ばれる溝の長さが違い、お湯の抜け方が異なります。当然、コーヒーを淹れる際にも淹れ方や抽出時間が変わります。

次に粒度です。少しの粗さの違いで味わいはぐっと変わります。まずは中挽きから始め、徐々に自分の好みの味に微調整をしましょう。

最後に、ドリップはお湯の温度、注湯回数、どのくらいのスピードで注ぐかによっても味わいが大きく変化します。注湯回数が増えるとコクが出やすく、少ないとすっきりした味になりやすいのです。ドリッパーの形状に合わせ、注湯回数を組み合わせ、好みの味を目指しましょう。

1 | フィルターを湯通しする

はじめに、フィルターの紙の匂いを抜くため、たっぷりのお湯で湯通しします。同時に抽出の温度が下がらないように、しっかりと器具を温めます。

2 | スケールを活用する

コーヒーを安定して淹れるためには、挽いた粉の量や、注ぐお湯の量をきちんと計測することが大事です。サーバーをのせられるキッチンスケールを使うと便利です。

3 | タイマーを使う

粉を蒸らす時間を計ったり、お湯を注ぐ時間をコントロールするのに役立つタイマーは必需品。キッチンタイマーを用意するか、スマホのタイマー機能でもOK。

4 | 抽出後はスプーンで攪拌

最初に抽出されたコーヒー液と、終わりのころに抽出されたものとでは、味も濃さも違っています。抽出が終わったらスプーンで縦にかき混ぜましょう。

How to Paper Drip

カリタ
ウェーブドリッパー

底面が平らなので
お湯と粉が十分に接触し
味のブレが少なく、
初心者でも簡単に
淹れることができます。

粉の挽き目：中挽き

抽出量の目安	お湯	コーヒー
1杯分	180ml	12g
2杯分	360ml	24g

〈1杯分〉

時間	注湯回数	お湯の量	秤の目盛
スタート	1湯目	30ml	30g
1:00	2湯目	50ml	80g
1:30	3湯目	100ml	180g

落ちきったら完成！
※2杯の時は注湯量を2倍に、3杯の時は3倍にする。

1 ペーパーを湯通しする

フィルターの匂いを抑えるため、ドリッパーとフィルターにたっぷりの熱湯をかけ、湯通しします。器具を温め、湯を捨てます。

4 2湯目~3湯目を注ぐ

2湯目は、中心から全体にかかるように50ml注ぎます。1分30秒まで待ち、3湯目は、残りの100mlをすべて注いでいきます。

2 粉を入れてならす

ドリッパーに粉を入れたら、ドリッパーを両手にとり、まわりをトントンと軽く叩いて、粉が平らになるようにならします。

3 1湯目を注いで蒸らす

タイマーをスタートし、30mlの熱湯を粉の中央からゆっくりと「の」の字を書くように注ぎます。1分間蒸らします。

5 ドリッパーをまわす

ドリッパーをお湯が残っているうちに軽くまわし、壁に残っている粉を下に集めます。お湯と粉を最後まで接触させます。

6 ドリッパーをはずして撹拌

お湯が落ちきったらドリッパーをはずして、サーバーの中のコーヒー液をスプーンでかき混ぜ、濃度を均一にします。

How to Paper Drip

メリタ
コクがある味わい

穴が1つだけなので
お湯の抜けが遅く、お湯と粉の
接触時間が長いのが特徴です。
ゆっくりと湯が落ち
コクのある味わいになります。

粉の挽き目：中挽き

抽出量の目安	お湯	コーヒー
1杯分	180ml	12g
2杯分	360ml	24g
3杯分	540ml	36g

〈1杯分〉

時間	注湯回数	お湯の量	秤の目盛
スタート	1湯目	30ml	30g
1:00	2湯目	50ml	80g
1:30	3湯目	100ml	180g

落ちきったら完成！
※2杯の時は注湯量を2倍に、3杯の時は3倍にする。

1　フィルターの端を折る

底にあたる部分を1回折り、斜めになって
いる1辺を逆方法に1回折ると、粉を入れ
たときに安定します。

4　1湯目を注いで蒸らす

30mlの熱湯を粉の中央から「の」の字を
書くようにゆっくりと注ぎ、粉全体を湿ら
せます。1分間蒸らします。

2 | ペーパーを湯通しする

フィルターの匂いを抑えるため、ドリッパーとフィルターにたっぷりの熱湯をかけ、湯通しします。器具を温め、湯を捨てます。

3 | 粉をならす

フィルターに粉を入れたら、ドリッパーに手を添えて軽くゆすったり、トントンと叩くなどして、粉が平らになるようにします。

5 | 2湯目〜3湯目を注ぐ

2湯目は全体にかかるように50ml注ぎます。残りのお湯を注ぎ、ドリッパーをゆすって壁に残っている粉を下に集めます。

6 | ドリッパーをはずして撹拌

お湯が落ちきったらドリッパーをはずして、サーバーの中のコーヒー液をスプーンでかき混ぜます。

How to Paper Drip

ハリオ
スッキリした味わい

1つ穴が大きいうえ、リブが長く
スパイラル状になっているため
お湯の抜けが速く、速く注げば
スッキリとした味わいに
ゆっくり注げばコクのある
味わいになります。

粉の挽き目：中挽き

抽出量の目安	お湯	コーヒー
1杯分	180ml	12g
2杯分	360ml	24g
3杯分	540ml	36g

〈1杯分〉

時間	注湯回数	お湯の量	秤の目盛
スタート	1湯目	30ml	30g
1:00	2湯目	50ml	80g
1:30	3湯目	50ml	130g
1:50	4湯目	50ml	180g

落ちきったら完成！
※2杯の時は注湯量を2倍に、3杯の時は3倍にする。

How to

1　ペーパーを湯通しする

フィルターの匂いを抑えるため、ドリッパーとフィルターにたっぷりの熱湯をかけ、湯通しします。器具を温め、湯を捨てます。

4　ドリッパーをまわす

ドリッパーを軽くまわし、壁に残っている粉を下に集めます。すべての粉がお湯と接触する状態を作ります。

2 | 1湯目を注いで蒸らす

タイマーをスタートし、30mlの熱湯を「の」の字を書くようにゆっくりと注いで粉全体を湿らせ、1分間蒸らします。

3 | 2湯目〜4湯目を注ぐ

2湯目も真ん中から円を描くようにお湯をかけます。ペーパーにかかってもOK。3湯目、4湯目と続けて注いでいきます。

5 | ドリッパーをはずす

お湯が落ちきるまで待ち、ドリッパーをはずします。ドリッパーを置く容器を用意しておきます。

6 | スプーンで攪拌して濃度を均一にする

サーバーの中のコーヒー液をスプーンでよくかき混ぜて、濃度を均一にします。

How to Paper Drip

オリガミ（ウェーブ）
凹凸でスッキリした味わい

円錐の側面がデコボコなので
ペーパーとドリッパーが
吸着しにくいのが特徴です。
1つ穴で速くお湯が抜けて
スッキリとした味わいに。

粉の挽き目：中挽き

抽出量の目安	お湯	コーヒー
1杯分	180ml	12g
2杯分	360ml	24g
3杯分	480ml	36g

〈1杯分〉

時間	注湯回数	お湯の量	秤の目盛
スタート	1湯目	30ml	30g
1:00	2湯目	50ml	80g
1:30	3湯目	50ml	130g
1:50	4湯目	50ml	180g

落ちきったら完成！
※2杯の時は注湯量を2倍に、3杯の時は3倍にする。

1 円錐のペーパーでもOK

オリガミがユニークなのは、ペーパーフィルターがウェーブでもいいし、ハリオの円錐ペーパーも使えるところです。

4 2湯目〜4湯目を注ぐ

2湯目も真ん中から円を描くように50mlずつかけます。ドリッパーとペーパーの隙間にお湯が入らないように注意して。

2 | ペーパーを湯通しする

フィルターの紙の匂いを抑えるため、たっぷりのお湯を使って湯通しします。器具を温め、湯を捨てます。

3 | 1湯目を注いで蒸らす

30mlの熱湯を粉の中央から「の」の字を書くようにゆっくりと注いで、粉全体を湿らせ、1分間蒸らします。

5 | ドリッパーのお湯をまわす

4湯目を注ぎ終えたら、ドリッパー部分を軽くまわして、壁の微粉を下に集めるようにし、落ちきるまで待ちます。

6 | スプーンで撹拌する

サーバーの中のコーヒー液をスプーンでよくかき混ぜて、濃度を均一にすれば完成です。

How to Paper Drip

ケメックス
じっくり安定した味

クリーンな味になることで
欧米で大人気となった抽出方法。
やや粗く挽いた粉で
量を多めに淹れると
安定して抽出できます。

粉の挽き目：中挽きよりやや粗め

抽出量の目安	お湯	コーヒー
2杯分	300ml	20g
3杯分	450ml	30g
4杯分	600ml	40g

〈2杯分〉

時間	注湯回数	お湯の量	秤の目盛
スタート	1湯目	60ml	60g
1:00	2湯目	90ml	150g
1:30	3湯目	150ml	300g

落ちきったら完成！
※3杯の時は1湯目を90mlに、2湯目を135ml、3湯目を225ml注ぐ。

1 フィルターを折り、湯通しする

2面を内側に折り込み、リブができるよう
に折るのがオススメ。たっぷりのお湯を使
って、器具に湯通しします。

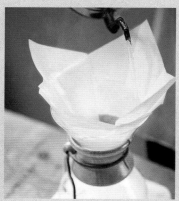

4 3湯目を注ぐ

3湯目も同様に、「の」の字を書くように
して中央から外側に向かって、粉全体にお
湯がかかるように注ぎます。

2 | 1湯目を注いで蒸らす

60mlの熱湯を粉の中央からゆっくりと注いで粉全体を湿らせ、1分間蒸らします。ペーパーに湯をかけないように注意。

3 | 2湯目を注ぐ

2湯目からも、真ん中から円を描くようにお湯をかけます。粉全体にお湯がかかるよう、ゆっくりと注ぎます。

5 | ドリッパーをまわす

3湯目を注ぎ終えたら、ドリッパー部分を軽くまわし、壁の微粉を下に集めるようにし、落ちきるまで待ちます。

6 | サーバー部分をゆする

抽出液がしずくになったらペーパーをはずします。その後、サーバー部分をゆすって液の濃度が均一になるようにします。

Attraction of French Press

Drip Kettle

French Press

フレンチプレス

コーヒーの粉を
お湯に浸けて
成分を引き出す浸漬法の代表格。
コーヒーの持ち味を
ダイレクトに楽しめます。

ヨーロッパでは一般的なコーヒーの抽出器具で、フランスで流行したために「フレンチプレス」という名がついています。日本では紅茶の抽出に使われることが多く、紅茶用器具と思っている人が多いかもしれませんが、本来はコーヒーの器具として開発されたものなのです。

フレンチプレスの魅力は、コーヒーの素材の持ち味を丸ごと楽しめるところです。ペーパードリップでは除去されてしまいがちなコーヒーオイル（油脂）がしっかりと抽出され、そのおかげで香りが豊かになって、口に含んだときに丸みを感じるようになります。

さらに、コーヒーの粉をお湯に漬けて抽出するという簡便な方法なので、難しい技術は不要。家にいながらにして、簡単にカフェのような本格的な味わいを楽しめます。

また、粉の分量やお湯の量、抽出する時間をきちんとはかれば同じ味を再現することもできるので、豆の香味を比べるテイスティングにも使用できます。ペーパードリップは、抽出する杯数によってかかる時間が変わりますが、フレンチプレスであれば、0.35Lでも1Lでも4分で抽出できます。たくさんのコーヒーを抽出する必要があるときにはとても便利です。

1 お湯は2回に分けて注ぐ

熱いお湯を2回に分けて注ぎます。1回目は粉の中に含まれているガスを抜くのが目的。お湯を半分くらい注ぎ、ブクブクと泡が出てくるのを確認します。

2 ヤカンで勢いよく入れてもOK

1回目の注入は勢いがあるほうが効果的なので、口の大きなヤカンを使っても大丈夫。新鮮な豆を使うと下から液体の層、粉の層、泡の層と3層がはっきりと見えます。

3 汚れたらパーツをばらして洗う

プランジャー(金属のフィルターが付いているフタのこと)のフィルター部分の汚れが目立ってきたら、パーツを分解して丁寧に洗うようにしましょう。

4 フィルターは半年に一度交換

フィルターは、何度も使っていると縁がゆがんだり、メッシュが目詰まりするなど、徐々に傷んできます。使用頻度によりますが、半年を目安に交換しましょう。

How to French Press

フレンチプレス

初心者でも
簡単に淹れることができます。
コーヒーの持つ個性が
ダイレクトに楽しめます。

粉の挽き目：中挽き

抽出量の目安	お湯	コーヒー
2杯分	300ml	16〜18g
4〜5杯分	850ml	46〜48g

〈2杯分〉　　　　　　　　　　（0.35Lプレスの場合）

時間	注湯回数	お湯の量	秤の目盛
スタート	1湯目	150ml	150g
0:30	2湯目	150ml	300g

4分後、プランジャーを押し下げて完成

1　粉を入れる

フタを取り、プランジャーは引き上げておきます。タイマーを4分に設定し、器具に粉を入れ、軽くゆすって平らにします。

4　2湯目を注ぐ

粉の膨らみが落ちついて液面が下がってきたら、お湯が全体にかかるように注ぐ。容器の縁から1.5cmほど下の位置を目安に。

2 1湯目を注ぐ

4分に設定したタイマーをスタートさせ、
熱湯を勢いよく注入。粉全体に行きわたる
ようにして容器の半分くらいまで入れます。

3 3層に分かれた様子を確認

30秒の蒸らしの間に粉がプクプクと膨ら
んで、液体の層の上に粉の層、さらにその
上に泡の層ができて、3層に分かれます。

5 フタをのせる

プランジャーは上げたままの状態で、容器
にフタをのせます。そのまま、タイマーが
ゼロになるまで待ちましょう。

6 4分後プランジャーを下げる

時間になったらプランジャーをゆっくりと
押し下げます。このとき、コーヒーが吹き
こぼれないように注意しましょう。

Aeropress
is
Hybrid

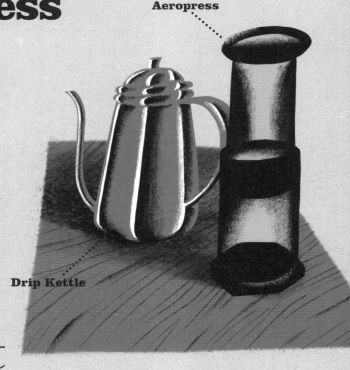

Aeropress

Drip Kettle

エアロプレス

浸漬法と加圧法の
ハイブリッドのような
抽出法で、自分流に
アレンジもしやすく、
淹れる楽しみが広がります。

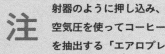

注 射器のように押し込み、空気圧を使ってコーヒーを抽出する「エアロプレス」は、比較的新しい器具として注目されています。短時間で抽出できて、あと片付けは簡単、コンパクトなボディであることから、旅行に持ち歩く人もいるほどです。

エアロプレスの特徴は浸漬法と加圧法のハイブリッドであるところ。圧力をかけるため、比較的短時間で抽出できます。幅広いレシピに対応ができます。短時間ですっきりとした味わいから、粉量を多く使い濃厚な味わいも作れ、抽出の自由度が高い淹れ方です。

エアロプレスの器具は、コーヒーの粉とお湯を注ぎ入れる「シリンダー」と、押し出しに使う「プランジャー」のほか、付属の丸いペーパーフィルターや撹拌用のパドルで構成されています。器具は完成後に口にするコーヒーカップの上にダイレクトにセットしてもOK。エアロプレスの口径に合っていて、なおかつ丈夫で安定感のあるカップを用意すれば問題なく抽出することができます。

エアロプレスには、スタンダード方式とインヴァート方式の2種類の淹れ方があります。インヴァート方式は器具を逆さにセット。プレスする前に抽出液が落ちないところが、スタンダード方式との違いです。

1 旅行や出張に持っていく

器具をバラバラにすれば、よりコンパクトになり、バッグに入れて持ち歩くことも可能です。旅行先のホテルなどで、自分好みのコーヒーを淹れて楽しめます。

2 濃いめに淹れて希釈する

スタンダードな淹れ方のほかに、粉を多くして濃いめに抽出したあと、希釈して仕上げる方法もあります。ちょっと贅沢な味わいになります。

「インヴァート方式」という淹れ方も人気

1 器具を逆さにしてセット

フィルターを湯通しした後、シリンダーとプランジャーをセットし、逆さにした状態で置きます。粉を入れ、ならしてからお湯を注ぎます。

2 サーバーをかぶせてひっくり返す

お湯を入れて軽くまわし、サーバーをかぶせ、ゆっくりとひっくり返し、プランジャーを押して抽出します。濃い目に淹れてアメリカンとしても楽しめます。

How to Drip Aeropress

エアロプレス

プレスするときは
ゆっくりと
押し下げることが大切。
好みの味を自由に引き出せる
抽出方法です。

1 | フィルターを湯通しする

お湯を使って、フィルターを湯通しします。サーバーを温めつつ、フィルターの紙の匂いを抑えることができます。お湯は一度捨てます。

抽出量の目安	お湯	コーヒー
1杯分	200ml	15〜17g

時間	作業
スタート	20秒かけてお湯を注ぐ
0:20	撹拌(5〜10秒)
0:30	蒸らし(1分間)
1:30	20秒ゆっくりとプレス
1:50	完成

インヴァート方式の場合

コーヒー	粉量	お湯(93度)
中挽きよりやや粗め	20g	80ml +(希釈用60ml)

時間	作業
スタート	お湯を注ぐ
0:15	撹拌
0:30	キャップをして反転
1:10	ゆっくりとプレス
希釈用のお湯を加えて完成	

2 | シリンダーとフィルターをセット

サーバーの上にシリンダーとフィルターを置きます。サーバーを安定感のあるマグカップにすれば、抽出後にそのまま飲むこともできます。

3 | お湯を注ぐ

粉を入れて平らにならした後、20秒かけて200mlのお湯を粉全体にかかるよう、ゆっくりと注ぎます。ここでは蒸らしをしません。

4 | パドルで攪拌する

パドルもしくはスプーンを使って円を描くようにかき混ぜます。その後プランジャーをはめ、1分程度蒸らします。

5 | ゆっくりめにプレス

20秒ほどかけてゆっくりプレスします。速いとスッキリ、遅いとしっかりな味に。押す強さやスピードで味が変わります。

Various Types of Metal Filters

Drip Kettle

Server

Metal Filter

金属フィルター

金属のメッシュでできた
ドリッパーで、メッシュ部分は
丸い穴だったり、縦のスリット形
だったり、さまざまなタイプが
あります。

金属フィルターのよさは、ハンドドリップの自由度がありながら、ペーパーフィルターでは取られてしまうコーヒーオイルを抽出できるところ。コーヒーの風味をダイレクトに楽しむことができます。コーヒー液には微粉が混ざり、少し濁るのも特徴のひとつですが、気になる場合は、入れる前に粉を茶こしでふるって、微粉を取り除く方法もあります。

金属フィルターは、近年、プロの間で注目が高まりつつあります。洗って何度も使えるのでエコロジーですが、目詰まりを起こさないよう、食器用洗剤での清掃ややわらかいブラシなどで洗う手入れは必要です。

メッシュ部分は、丸くパンチングされたものや、杉綾織りのようなもの、縦長のスリットで構成されているものなどがあります。また、形状は台形型か円錐形型が基本で、専用ホルダー付きの製品もありますが、フィルターのみでもよく売られています。ケメックスやコーヒーメーカーと組み合わせて使用することも。購入する場合は、自分が持っているドリッパーの大きさや形に合ったものを選びましょう。

ペーパーフィルターに比べて目が粗く、フィルターにかけるとそのままお湯が入ってしまいます。1投目〜2投目は、フィルターにかからないように気をつけましょう。

金属フィルターの種類

台形型 ### 縦型スリットタイプ

縦長のスリット形にパンチングされたメッシュ。お湯の抜けがよいのが特徴で、注湯のコントロールが大切。

台形型 ### 杉綾模様タイプ①

杉綾模様の織物のような複雑なメッシュで、お湯の抜けはゆっくりめ。ボディを感じる味に仕上がります。

台形型 ### 杉綾模様タイプ②

杉綾模様ですが、メッシュの穴は大きめのため、コーヒーはやわらかくマイルドに仕上がる傾向になります。

円錐形型 ### 丸形タイプ

小さな丸い穴を等間隔にあけてあるフィルター。粉の層が厚くなるので、ボディが強めの味になります。

カップ型 ### ワンカップタイプ

マグカップに直接抽出する1人分用のフィルター。粉を入れて、中ブタをしてからお湯を注ぎます。

Miki's Voice

> コーヒーオイルが透過され、豆の個性がより楽しめます。目がペーパーに比べて粗いので、挽き目が重要。あまりにも抜けが早いときは少し細かく、逆に抜けが遅いときには粗くし、微調整をしましょう。

How to Metal Filters

金属フィルター
（コレス台形型）

フィルターに直接お湯を
かけてしまうと、そのままお湯が
サーバーに落ちて、
水っぽくなるので、注意して
注ぎましょう。

粉の挽き目：中挽き

抽出量の目安	お湯	コーヒー
1杯分	180ml	12〜13g
2杯分	340ml	21〜22g

〈2杯分〉

時間	注湯回数	お湯の量	秤の目盛
0:00	1湯目	30ml	30g
1:00	2湯目	50ml	80g
1:30	3湯目	50ml	130g
2:00	4湯目	110ml	240g
2:30	5湯目	100ml	340g

※1杯の場合、1湯目は30ml、2・3湯目は25mlずつ、4・5湯
目は50mlずつ注ぐ。

1 粉を入れて平らにならす

ドリッパーをサーバーの上からはずして粉
を入れ、少しゆすって平らになるようにな
らします。サーバーの上でゆすると、微粉
が落ちることがあるので注意。

4 2〜5湯目を注ぐ

中央から円を描くように2湯目を注ぎます。
液面がフィルターのフチまで到達しないよ
うに注意し、30秒ごとに5湯まで注ぎます。

2 1湯目を注ぐ

粉の中央部分に30mlのお湯を注ぎ、ゆっくりとまんべんなくかけていって、粉全体を湿らせます。このとき、メッシュ部分にお湯がかからないように注意しましょう。

3 蒸らす

全体を湿らせ、表面が泡で膨らんできたら、しばらくそのままにして、1分間蒸らしてガスを抜きます。ガスを出すことでコーヒーとお湯がなじみやすくなります。

5 サーバーをはずす

目的の抽出量に達したら、湯が落ちきっていなくてもドリッパーをサーバーからはずします。

6 攪拌してカップに注ぐ

サーバーの中の抽出液を、スプーンでかき混ぜて、濃度を均一にします。その後、カップに注いででき上がりです。

Retro Siphon

Siphon

Bamboobell

サイフォン

化学の実験をしているような
おもしろさと
レトロな風情がユニークです。
豊かな香りと味を
存分に楽しめます。

アルコールランプなどで沸騰させたお湯を使い、蒸気圧を利用してコーヒーを抽出するユニークな器具として、愛好者が多いサイフォン。見た目のおもしろさ、抽出中の心地よい沸騰音に加え、コーヒーの香りがあたり一面に漂う演出が生まれるところもサイフォンの魅力です。

フラスコに入ったお湯を熱すると、内部で水蒸気が膨張して気圧が上がり、お湯が上に設置してあるロートへと上がっていきます。それがロート内のコーヒー粉と混ざって抽出がスタート。アルコールランプなどの熱源をはずすと、今度はフラスコ内の水蒸気が収縮して気圧が下がり、ロート内で抽出されたコーヒー液が、

ろ過器を通過して下のフラスコへと下がっていき、完了となります。

抽出液にはコーヒーオイルが含まれ、ろ過器を包むネルの効果もあって、まろやかな液質に。見た目の演出効果ばかり注目されがちですが、確実に豊かな香味を生む、機能性にも優れた抽出器具です。

熱源は、アルコールランプやハロゲンを使った「ビームヒータ」などがあり、家庭では、安定した火力のあるアウトドア用のガスバーナーなどがおすすめです。

1 ネルをしっかり洗い冷凍保存

フィルターはしっかりと張っておきましょう。抽出後、ネルの開口部に流水をかけて粉を流し、表面部分はタワシなどを使って粉を落とします。冷凍庫での保存がベスト。

2 取りつけはフックを引っかけて

ろ過器に付いているバネをロートの管に通し、端に付いているフックを管の縁にかけます。ろ過器がロートの中央に固定されるように、竹べらで動かして調整します。

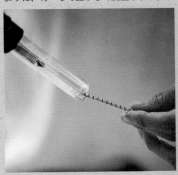

沸騰石で湯温をチェック

1 ボールチェーンを見て温度を知る

ロートにろ過器を固定するバネの下にボールチェーンが付いていますが、これは沸騰石の役割を担っています。チェーンから出る泡の状態で、お湯の温度を確認します。

2 お湯の温度の見方

ボールチェーンからポツポツと泡が出てくると温度が上昇中の証。大きな泡が連続してボコボコと出てくるようになったら、沸騰状態にあると判断しましょう。

How to Siphon

サイフォン

フラスコのお湯を
加熱しすぎないことに注意し、
ろ過器をきちんと装着して
抽出します。淹れたては
高温なので要注意です。

粉の挽き目：中挽き

抽出量の目安	お湯	コーヒー
1杯分	200ml	17g

時間	作業
スタート	第一攪拌
0:30	蒸らし
完成	熱源から外し、第二攪拌 液体が落ちきるまで待つ

1 | フラスコ内の沸騰を確認

フラスコ内にお湯を入れ、アルコールランプやビームヒーターなどで加熱して沸騰するまで待ちます。ロートとつながったボールチェーンを見て沸騰具合を確認します。

4 | 第二攪拌を行う

30秒蒸らし、そのまま自然に抽出します。その後、熱源からはずし、下から粉を巻き上げるように攪拌します。

122

2 ロート内に粉を入れ、差し込む

ロート内にコーヒーの粉を入れ、軽くゆすって表面を平らにします。湯が沸騰状態であることを確認して、ロートをフラスコに差し込みます。

3 第一攪拌を行う

お湯がロートまで上がってきて、1cmほどたまってきたら、竹べらで攪拌して、湯と粉をなじませます。粉の中のガスを抜くための蒸らしと同じ状態にします。

5 抽出液をフラスコに落とす

抽出液がロートからフラスコに落ちきるまで待ち、ボコボコと気泡が抜けたらフラスコを軽く振って抽出液を混ぜます。

6 光を当てて混入物を確認

まれに、粉やネルの糸が混入していることもあるので、フラスコに光を当てて中を確認しましょう。

Flavorful Macchinetta

マキネッタ

イタリアの家庭では
おなじみのマキネッタ。
直火式のコーヒーメーカーで、
コクのあるコーヒーが
淹れられます。

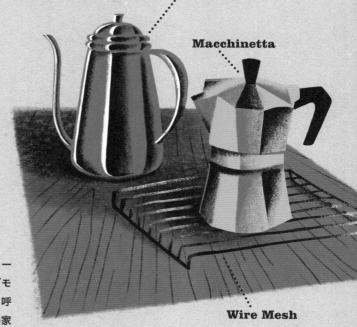

Drip Kettle

Macchinetta

Wire Mesh

「**直**火式のエスプレッソメーカー」「モカポット」「モカエキスプレス」とも呼ばれるマキネッタは、イタリアの家庭においてはごく普通に使われているもので、親から子へと伝えられ、長く、大切に使われることもある抽出器具です。エスプレッソマシンは9気圧で抽出されるのに対して、マキネッタは2気圧ほどですが、それでも濃縮された深い味わいのコーヒーを抽出できます。

底部のボイラーに水を入れて火にかけると、水が沸騰して蒸気で満たされ、その圧力によって、お湯がバスケットの足管を経て押し上げられ、コーヒーの粉を通過し抽出されます。抽出液はさらにサーバーの管にまで上がっていき、上部のサーバー内に落ちて完了となるしくみ。

マキネッタは、湯を沸かす「ボイラー」、コーヒーの粉を詰める「バスケット」、抽出液をためる「サーバー」の3パーツで構成されています。それぞれのパーツをしっかり結合させ、圧力が逃げないよう気をつけましょう。お湯から抽出すると、焦げ臭が少なくなります。電気の熱源と一体となった最新式のものもありますが、多くが直火式。IH対応のものは少ないため、自宅のコンロの熱源を確認して購入してください。

1 パーツをしっかりと結合させる

粉を入れるバスケットの縁にはゴムのパッキンが付いていますが、ここに粉が付着したままだと圧力が上がらず、きちんと抽出できないこともあるので要注意です。

2 安定して載せる網などを用意

ガスコンロの五徳が大きすぎてマキネッタを載せられない場合は、網を用意すれば、安定して火にかけられます。マキネッタ専用のサポートリングもあります。

マキネッタの手入れ

1 傷つけないように

手入れの際は傷つけないようにスポンジで洗います。ステンレス製とアルミ製のものがあります。漂白剤は避け、アルミ製の場合は、水洗い後すぐに水分を拭き取ります。

2 毎回、分解して洗う

使用後は分解し、中性の食器用洗剤で清掃します。何回かに一度はパッキンのゴムをはずして洗いましょう。パッキンは爪楊枝などを使うと簡単にはずれます。

How to Macchinetta

マキネッタ

直火で入れるマキネッタは
コーヒーの魅力が
凝縮されているかのような
とろりとした濃厚な味わいを
楽しめます。

粉の挽き目：極細挽きよりやや粗め

抽出時間	抽出量	粉量
1〜2分	200ml	20g

1　ボイラーにお湯を入れる

下の段（ボイラー）の内側にある印までお湯
を入れます。粉20gに対してお湯200ml程
度です。沸騰したお湯を使うことで焦げ臭
を防げます。

4　火にかける

コンロなど火元の上に金網を置き、マキネ
ッタをセットします。弱火〜中火にしまし
ょう。火が強いと抽出時間が短くなりすぎ
てしまいます。

2 粉を入れる

バスケットに20gの粉を入れます。バスケットが平らで均一になるようにゆすります。ならす程度にし、ぎゅうぎゅうと押さないように注意。

3 パーツを結合する

バスケットをボイラーにはめ、サーバーをかぶせます。その際、粉がついていないか確認しましょう。すき間ができていると圧が逃げてしまうことがあります。

5 サーバーにコーヒーが抽出される

ボイラーの湯が沸騰し始めると、蒸気圧で管を上がって粉に浸透し、ゆっくりとサーバーにたまり始めます。フタは空けても構いませんが飛び散ることがあるので注意。

6 音がしたら火から下ろす

コーヒーが白くなり、ぼこぼこという音がしたら抽出完了です。カップに注いだら本体はよく冷やしましょう。冷めたら分解して清掃します。

How to Iced Coffee

Server

Iced Coffee

アイスコーヒー

暑い夏につい飲みたくなる
アイスコーヒー。
たっぷりの氷で急冷し、
しっかりとしたフレーバーと
味を楽しむことができます。

アイスコーヒーは、大きく分けて急冷式と水出し式の2種類があります。急冷式は、熱いコーヒーを淹れながら、たっぷり氷の入ったサーバーやグラスに注いで急激に冷やす方法です。抽出したコーヒーは氷で薄まるため、粉を多めにするか、抽出するお湯の量を少なくするのがポイント。抽出方法はペーパードリップでもフレンチプレスでも大丈夫です。

　水出し式は、常温の水を使ってゆっくりと抽出する方法です。ポットに粉を入れて平らにならし、常温の水を入れてなじませます。あとはラップをかけて8〜10時間ほど冷蔵庫で保存し、ペーパーや金属のフィルターで濾せばOK。トロッとした食感で厚みのある味わいです。

急冷式

粉の挽き目
中挽き

フレンチプレス（0.35mlサイズ）

粉量	注湯量
28g	200ml

ペーパードリップ

粉量	注湯量
15g	130ml

水出し式

粉の挽き目	粉量	水	時間
中挽き	20g	200ml	8〜10時間

1 サーバーに氷を入れる

ペーパードリップの場合、はじめにフィルターにお湯をかけてリンスした後、サーバーの中に氷をたっぷりと入れます。

2 粉を蒸らす

粉を入れて平らにならし、中央からお湯をゆっくりと注いで全体を湿らせたら、1分間蒸らします。

3 抽出液を氷の上に落としていく

中央から円を描くように、ゆっくりとお湯を注いでいきます。抽出液は、氷の上に落ちた瞬間から冷えていき、引き締まった味とフレーバーが出てきます。

4 かき混ぜて、さらに冷やす

お湯を注ぎ終わったら、スプーンでかき混ぜて全体を均一にします。氷が溶けて少ないようなら、2〜3個追加して入れて冷やします。

Rich Espresso

Espresso Machine

エスプレッソ

圧力をかけ、成分を抽出する
エスプレッソは、
濃厚な味わいと香りが魅力。
家庭用のマシンも増えています。

高い圧力をかけて、素早く1〜2杯分だけを抽出するエスプレッソは、スターバックスをはじめとするシアトル系コーヒーショップが増えて以来、日本でも広く浸透しました。

特徴は、苦みや濃厚さが際立っているところ。加圧しながら抽出するため、コーヒーオイルが乳化して、まったりとした口当たりになるところも魅力です。

エスプレッソの味に大きく影響するのは、お湯の温度、粉の粒度、抽出時間の3つ。バリスタは、これらを何度も調整して抽出レシピを決めていきます。温度は一定に保たれているのがベスト。粉が細かすぎると抽出時間が長く抽出しすぎとなり、粉が粗いと抽出時間が短く抽出不足に陥ります。抽出時間は、1秒の違いで味が変わると言われています。

最近は家庭用のエスプレッソマシンがたくさん販売されています。実際に小型のカフェでも使えるような本格的な半業務用のものから、カプセルやポットをセットするだけで気軽に楽しめるものまで、性能、機能ともにさまざまなタイプがあります。購入の際は、予算や目的を明確にして、自分のライフスタイルに合った機種を選びましょう。

1 バスケットの中を均一に

バスケットの中で、抽出が不均一にならないよう、ポルターフィルターに粉を入れ、平らにならします。押し固めるときは力を均等に入れることが重要です。

2 規定量に達したら抽出をやめる

スケールで計測しながらカップに落ちてくる抽出液の量を確認し、規定量に達したらすぐにやめます。量が多すぎても少なすぎても味わいが変わってきます。

エスプレッソマシンの注意点

1 必ずフラッシングを行う

抽出を始める前に、必ず抽出ボタンを押してフラッシング（湯抜き）します。これは給湯口近くのお湯を捨てて適温を保つためと、前回に付着した粉を落とすためです。

2 マシンの清掃をする

定期的にマシンメーカーの推奨の方法で、清掃を行いましょう。油分の多いエスプレッソは、マシンに残った液体が酸化し、味わいに悪影響を与えます。

How to Espresso

エスプレッソ

コーヒーの魅力が
凝縮されているかのような
とろりとした濃厚な味わいを
楽しめます。

粉の挽き目：極細（エスプレッソ挽き）

1 粉を入れて平らにならす

ホルダーにフィルターをセットして粉を入れます。粉は少しゆすり、バスケットの中で粉が均一になるよう、平らにならします。

4 フラッシングをする

エスプレッソマシンの抽出ボタンを押してフラッシングをします。給湯口付近の湯を捨て、前回に付着した粉を落とします。

粉量	抽出量	抽出時間
20g	40〜42g	20〜30秒

2 | タンピングする

手で軽くならした後、タンパーを使って粉を押し固めます。過度に力を入れず、15kg程度の力でまっすぐに押します。

3 | 縁についた粉を取り除く

フィルターの縁についた粉を指できれいに取り除きます。粉がついていると、抽出時の圧力を逃し、正しく抽出ができません。

5 | ホルダーを給湯口にセット

フィルターホルダーを給湯口にセットします。粉が湿気を吸わないうちに、すぐに抽出作業に移るようにしましょう。

6 | 規定量になるまで抽出

カップ受けにカップを置いて、抽出ボタンを押します。規定量になるまで抽出できたら、すぐにスイッチを止めます。

最高のコーヒーを決める
カップ・オブ・エクセレンスとは？

コーヒーには、年に一度、各生産国で最高品質の豆を決定する品評会があります。それが、「カップ・オブ・エクセレンス」(COE) です。

COEは、まず、国内審査員による予選が行われ、さらに各国から招聘された国際審査員による厳しいカッピングを経て、100点満点中87点以上を獲得した豆だけが、入賞という栄誉を得ることができます。入賞した豆の価格はインターネットオークションで決められますが、1キロあたり73,000円など、毎年破格の高値で落札され、コーヒー関係者からの注目度も高いプログラムです。

COEは1999年、ブラジルで最初に開催されました。当時、コーヒーの国際相場は低迷し、生産コストを下回る金額での取引は生産者を苦しめていました。こうした状況を打破するため、国連と国際コーヒー機構の協力のもと、グルメコーヒー開発プロジェクトが始まり、その一環として、COEもスタートしました。年を経るごとに品質の高いプログラムだと認識され、徐々に参加国も増え、今では10数ヵ国で行われています。

COEは、ただの品評会ではなく、生産者とロースターを結びつける役割も担っています。この品評会があったからこそ、世界各国のロースターが素晴らしい生産者と出会え、美味しいコーヒーを消費者に届けることができ、今のコーヒーの世界におけるスペシャルティコーヒーや、サードウェーブ、ダイレクトトレードの発展へとつながったといえます。

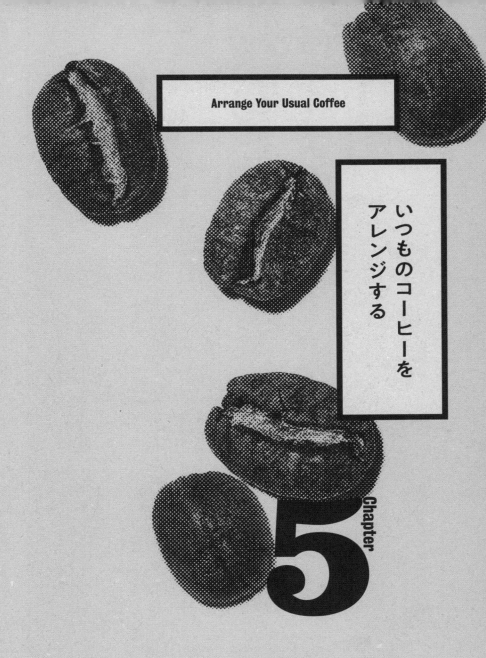

Arrange Your Usual Coffee

いつものコーヒーをアレンジする

Chapter

5

Supporting Roles Side Characters

Coffee

Water

Milk

Sugar

コーヒーを支える脇役も大切に

水はコーヒーの大事なパートナー。
そして、砂糖とミルクも
味わいを豊かにする名脇役。
適切に選んでコーヒーを
さらに美味しく味わいましょう。

コーヒーを淹れるとき、なくてはならないのが水です。ドリップコーヒーでの水が占める割合は98〜99％で、コーヒーの味わいは、実は水によって変化します。水質を表す指標には硬度とPH（ペーハー）値がありますが、コーヒーを淹れるのに最適な硬度やPHがあるので、知っておくといいでしょう。日本の一般的な水道水は軟水かつ中性でコーヒーに向いています。

コーヒーのお供として欠かせない砂糖とミルクも種類はいろいろあります。コーヒーは、最初は何も入れず、ブラックで味わうのがおすすめですが、酸味があるコーヒーに砂糖を加えると味わいが劇的に変化し、果物のような印象が際立つこともあります。ブラックコーヒーでは気づかなかった豆の個性に気づくことができます。砂糖やミルクによって味を変化させるのもありです。P142から紹介しているアレンジコーヒーを楽しむときにもミルクや砂糖は欠かせないので、味わいや使い方を知っておくと便利です。

水

硬度とPHを知って水を使い分ける

水の性質を決めるのが硬度とPHです。硬度とは、水に含まれているカルシウムイオンやマグネシウムイオンなどのミネラル量のこと。ミネラルが少ないと"軟水"になり、多いと"硬水"になります。硬度が高すぎると、コーヒーの成分を引き出せるスペースがなく、平坦な味わいに。そのため、多少軟水のほうが向いているといわれます。

PHは液体の酸性度を表し、PH7が中性で、それより低いものが酸性、高いものがアルカリ性です。PHの低い水では、コーヒーの酸味がより感じられるといわれます。

また、水道水はカルキ臭が気になることがあります。沸騰させることで解消することもありますが、ミネラルウォーターを使うか浄水器を使用するのがおすすめです。

Hardness

硬度

水はミネラルの含有量によって、軟水、硬水に分類される。浅煎りや中煎りといった酸味を感じたいコーヒーなら軟水がおすすめ。土地によって水質が違うので、味わいの違いを楽しんでも。

Potential of Hydrogen

PH

酸性の水(PHの数値が低い)で淹れると酸味をより強く感じられ、アルカリ性の水で淹れると苦味を感じられる。日本の水道水および売られているミネラルウォーターはほとんどが中性で、安定した味わいのコーヒーが淹れられる。

Milk and Cream

ミルクやクリームで コーヒーをまろやかにする

コーヒーの苦味やコクを
まろやかにするミルク。
牛乳、生クリームのほかに
ポーションクリームもあります。
目的によって使い分けましょう。

Fresh Cream

Potion Cream

Milk

MILK

コーヒーの味わいを変える
ものとして、真っ先に思
い浮かぶのがミルク。主
に3つのタイプがあります。

　ひとつは、カフェオレなどのアレ
ンジコーヒーを作るときに使う牛乳。
牛の種類や成分調整の有無、殺菌の
方法で味わいは変わります。なかで
も低温殺菌の牛乳はクセがなく、牛
乳の自然な甘みが楽しめ、コーヒー
の味わいを引き立たせます。

　生クリームも定番です。濃度が高
いため、少量でミルクの味わいが出
せるのが特徴。乳脂肪分は、20％
程度のものから47％までと幅があ
るので、好みで使い分けましょう。

ただし、乳脂肪分が高いと、浅煎り
コーヒーなどは分離してしまうこと
があるので、注意が必要です。

　ポーションタイプのコーヒークリ
ームは、牛乳や生クリームと違い、
多くが植物性油脂でできていて、味
わいは淡泊です。密閉容器に入って
おり、保存性が高いので、アウトド
アなどには便利です。

Milk

牛乳

成分無調整で低温殺菌の牛乳がコーヒーにはおすすめ。温めてから入れるとコーヒーによくなじみ、味わいをマイルドにしてくれる。

Fresh Cream

生クリーム

濃厚なクリーミー感がほしいときに少量入れると、クリームのコクと香りが相乗効果を生む。入れすぎないよう注意。

Powder Cream

粉末クリーム

植物性油脂や乳製品を粉末状にしたもので、「クリーミングパウダー」とも呼ばれる。瓶入り、スティックタイプなどもある。

Potion Cream

ポーションクリーム

植物性油脂と水に乳化剤を加えてクリーム状にしたもの。密閉容器に1回分約5mlが入っている。常温で保存できるので携帯にも便利。

Sugar
Adds
Sweetness

砂糖の甘さで
優しい味わいを
コーヒーにプラス

苦味もいいけれど
ちょっとした甘さのある
コーヒーは疲れたときや
ほっとしたいときにもおすすめです。

 れたとき、コーヒーに砂糖を入れて、甘い味を楽しむのもいいですね。エスプレッソにミルクと砂糖をたっぷり入れるのは、イタリアをはじめとした海外ではふつうの楽しみ方です。その日の気分で、甘みとコクのあるコーヒーも楽しんでください。

入れる量も大切ですが、どんな甘みを加えるかによっても味わいは大きく変化します。

コーヒーショップでは、各店それぞれでその店のコーヒーに合うこだわりの砂糖を用意している店が少なくありません。コーヒーはブラックでなければ……と思っている人もぜひチャレンジしてください。

ハチミツはどんな花の蜜のハチミツかでも味わいは変わります。オススメはアカシアや百花蜜。コーヒーの香りのよさを際立たせるため、コーヒーに合わせる甘みとして特におすすめです。

Granulated Sugar

グラニュー糖

上白糖よりもサラサラしており、溶けやすく、さっぱりした甘さが特徴。コーヒーや紅茶の甘味料として人気。角砂糖もグラニュー糖を固めたもの。

Coffee Sugar

コーヒーシュガー

氷砂糖にカラメルで色をつけたもの。コーヒーの成分は入っていない。ゆっくり溶けるので、飲み始めと飲み終わりで味わいを変えることができる。

Casonade

カソナード

サトウキビ100％の茶色い砂糖。精製されていないため、独特の香りと深い甘さが特徴。フランスのスイーツを作るときにも欠かせない砂糖。

Honey

はちみつ

はちみつ特有の香りや甘さがコーヒーの味わいを変化させ、いつもと違う味が楽しめる。ミルクと一緒に入れると味がマッチしやすい。

Gum Syrup

ガムシロップ

砂糖が溶けにくいアイスコーヒーに入れて使う。水と砂糖を煮つめて作る甘味料なので、ホットに入れるとコーヒーが薄まるので、おすすめしない。

Miki's Voice

究極のアレンジコーヒーは「コーヒー＋砂糖」です。シンプルだからこそ、それぞれの素材が互いを引き立て合っていることを感じることができます。また、アメリカーノに少量のハチミツを加える味わいの変化を楽しむ体験は格別です。

Enjoy Arrange Coffee

アレンジコーヒーを楽しもう

ストレートで飲むのもいいけれど
たまにはミルクやお酒を入れて
アレンジコーヒーにチャレンジ。
自由な発想で食材を合わせると
意外な味わいを体験できます。

ストレートコーヒーをひと通りマスターしたら、アレンジコーヒーを作ってみましょう。美味しいコーヒーは砂糖やミルクなどほかの相性のよい食材をアクセントに入れてもとても美味しく、新しい味を発見できます。ミルクたっぷりのカフェオレは優しい飲み心地で朝食とベストマッチしますし、生クリームをのせればランチ後のデザートにぴったりです。

アレンジ食材の定番はミルクですが、お酒やシナモンなどもコーヒーに合います。カフェなどで気になったレシピがあったら、覚えておいて、自宅でチャレンジしてみてもいいですね。

こんなときに飲むのはいかが？

Morning

目覚めの一杯はシンプルに、ミルクたっぷりのカフェオレを。クロワッサンなどパンとの相性も抜群です。夏はアイスにしてもOK。

Noon

ランチ後にちょっと甘いものがほしい、というときはアイスや生クリームをのせたデザート感覚のアレンジコーヒーで元気をチャージ。

Night

ディナー後には、ホットコーヒーに優しい甘さをプラスしたシナモンコーヒーなどをチョイス。体も温まってくつろげます。

#01

カフェオレ

Cafe Au Lait

Recipe

深煎り・中煎りのコーヒー
　…15g
お湯…150ml
牛乳…125ml

- -

1　コーヒー豆15gを中挽きにし、約150mlを注湯し、約120mlのコーヒーを抽出する。

2　鍋に牛乳を入れ、60度前後（フチが固まらない程度）に温める。

3　コーヒーと温めた牛乳を、あらかじめ温めておいたカップに注ぐ。

Miki's Voice

コーヒーとミルクの比率は1：1が理想的。ミルクは豆乳、アーモンドミルク、オーツミルクなど植物由来でもOK。

#02

アイス・カフェオレ

Iced
Cafe Au Lait

Recipe

深煎り・中煎りのコーヒー
　　…20g
お湯…150ml
牛乳…80〜100ml
氷…適量

- -

1　サーバーに氷を入れる。

2　コーヒー豆20gを中挽きにし、お湯を150ml注ぎ、約120mlを氷を入れたサーバーに抽出し、急冷する。

3　グラスに氷、コーヒー、牛乳を注ぎ、軽くかき混ぜる。

Miki's Voice

急速に冷やすことで、味と香りを抽出液の中に閉じ込めることができます。粉の量を増やして濃いめの抽出がポイント。

#03

コーヒーフロート
Coffee Float

Recipe

深煎りのコーヒー…20g
お湯…150ml
ガムシロップ…6〜8g
バニラアイス…1スクープ
氷…適量

- -

1　サーバーに氷を入れる。
2　コーヒー豆20gを中挽きにし、お湯を150ml注ぎ、約120mlを氷を入れたサーバーに抽出し、急冷する。
3　グラスに氷、コーヒー、ガムシロップを入れて、軽くかき混ぜる。
4　バニラアイスをのせる。

Miki's Voice

コーヒーを濃いめに淹れて急冷し、少量のシロップを加えるとバランスがGood。

#04

アイリッシュコーヒー
Irish Coffee

Recipe

中煎りコーヒー…15g
お湯…150ml
アイリッシュウイスキー
　…15ml
ブラウンシュガー…10g
生クリーム…25g

- -

1　サーバーにブラウンシュガーを入れる。

2　中煎りの豆15gを中挽きにし、お湯を150ml注ぎ、約120mlのコーヒーを抽出する。

3　温めたグラスにアイリッシュウイスキー15mlを加える。

4　コーヒーを3のグラスに注ぐ。

5　生クリームを五分立てに泡立て、茶こしでこす。

6　層になるように注ぐ。

Miki's Voice

アイリッシュウイスキーがない場合はほかの蒸留酒でOK。ほかの産地のウイスキーやブランデーもおすすめです。

146

#05

コーヒーゼリーラテ

Coffee Jelly Latte

Recipe

中煎り・深煎りのコーヒー
　…20g
お湯…150ml
ゼラチン…5g
牛乳…120g
砂糖…15g
氷…適量

- -

1　コーヒー豆20gを中挽きにし、お湯を150ml注ぎ、約120mlを抽出して砂糖を溶かす。
2　ゼラチンを少量のお湯で溶かし1に入れてよく混ぜる。
3　冷蔵庫で冷やして固める。
4　固まったら3をスプーンでグラスにすくい入れる。
5　氷、牛乳を加える。

Miki's Voice

コーヒーを濃いめに淹れると、しっかりとした味に仕上がります。冷たい牛乳を泡立てるのにフレンチプレスを使う方法もあります。

#06

マーマレードオレ

Marmalade Cafe Au Lait

Recipe

中煎り・深煎りのコーヒー
　…15g
お湯…150ml
マーマレードジャム…20g
牛乳…120g
砂糖…8g

- -

1　コーヒー豆15gを中挽きにし、お湯を150ml注ぎ、約120mlを抽出する。

2　牛乳に砂糖を加え、温める。

3　温めたフレンチプレスに牛乳を加え泡立てる。

4　温めたカップにコーヒー、マーマレードジャムを加え、よく混ぜる。

5　層になるように泡立てたミルクを注ぎ、上にオレンジの飾りをのせる。

┌─ Miki's Voice

上にオレンジのピールをのせています。オレンジとコーヒーとの相性はバツグン！　ロシアンティーのイメージで楽しんでみてください。

#07

煮出し式練乳オレ

Boiling type Condensed Milk Cafe Au Lait

Recipe

中煎りのコーヒー…17g
水…120ml
牛乳…80ml
練乳…10ml
オレンジの皮…少量

----

1 中煎りのコーヒー豆17gを細挽きにし、鍋に入れる。
2 鍋に水を加え、弱火にかける。
3 鍋のまわりがフツフツ沸騰してきたら、牛乳を加える。
4 再度煮立ったら火を止め、細かい茶こしでこす。
5 オレンジの皮を液面に向けて絞り、香りをつける。

— Miki's Voice

トルコ式コーヒーのイメージで、寒い日に飲むと体の内側から温まります。器具がなくても、鍋さえあれば作ることができます。

#08

シナモンコーヒー

Cinnamon Coffee

Recipe

深煎りのコーヒー…15g
お湯…150ml
牛乳…120ml
はちみつ…8g
シナモンスティック…1本

. . . .

1 コーヒー豆15gを中挽きにし、お湯を150ml注ぎ、約120mlを抽出する。

2 牛乳にはちみつを加え、温める。

3 温めたフレンチプレスに牛乳を加え温め、泡立てる。

4 温めたカップにコーヒー、牛乳の順に注ぐ。

5 シナモンを添えて提供。

— Miki's Voice

濃いめのコーヒーにフワフワの泡がのっています。シナモンスティックでかき混ぜ、香りを楽しみながら飲んでみて。

#09

ウインナーコーヒー

Vienna Coffee

Recipe

中煎り・深煎りのコーヒー
　…15g
お湯…150ml
生クリーム…40g

- -

1 生クリームを七分立てに泡
　立てる。

2 コーヒー豆15gを中挽きに
　し、お湯を150ml注ぎ、約
　120mlを抽出する。

3 表面を覆うように1の生ク
　リームをのせる。

Miki's Voice

ウインナーコーヒー
とは、ウィーン風の
コーヒーという意味
で、本場ではアイン
シュペナーと呼ばれ
ています。生クリー
ムに少量の砂糖を入
れても美味しいです。

Arrange your Espresso

エスプレッソを
アレンジする

トロリとした濃厚な
エスプレッソはミルクや
砂糖、柑橘類と合わせると
引き立て合い、美味しさも倍増。
シーンに合わせて飲みましょう。

ャトル系カフェの流行で、
日本でもエスプレッソに
たっぷりのミルクを合わ
せるカプチーノやカフェラテが浸透
しました。今回は、さらにお酒やト
ニックウォーター、ドライフルーツ
などをプラスして、さまざまなシチ
ュエーションに合うメニューに挑戦
してみましょう。

　コーヒーとフルーツが合うという
のは、ちょっと意外かもしれません
が、柑橘系の酸味と実は相性抜群。
炭酸だけをコーヒーに合わせると、
えぐみが出てしまいますが、オレン
ジが加わると、すっきり爽やかな味
になります。甘味、苦味、酸味が一
体となったコーヒーの美味しさに驚
いてください。

こんなときに飲むのはいかが？

Spring

春のおやつには、チョコやバニラアイス
の濃厚な甘さとエスプレッソの苦味が好
バランスのアフォガートやカフェモカが
ぴったり。

Summer

冷たいドリンクが夏の定番。炭酸やフル
ーツを使ったアレンジをどうぞ。エスプ
レッソトニックは2層に分かれて見た目
もおしゃれ。

Autumn & Winter

温まりたい季節はアップルサイダーラテ
を。リンゴやシナモンなどを煮込んだア
ップルサイダーがコーヒーをグレードア
ップ。

#10

アイスアメリカーノ
Iced Americano

Recipe

深煎り・中煎りのコーヒー
　…20g
　（エスプレッソ2ショット）
水…180ml
氷…適量

1　20gのコーヒー豆をエスプ
　　レッソ挽きにし、40〜42g
　　の液体を抽出する。

2　グラスに氷を入れ、エスプ
　　レッソ、水を加え、軽くか
　　き混ぜる。

---- **Miki's Voice**

コーヒーのそのまま
の味と香りを楽しめ
ます。スッキリとし
た味わいが夏によく
合います。

#11

アフォガート
Affogato

Recipe

中煎りのコーヒー…20g
　（エスプレッソ2ショット）
アイスクリーム…150ml

- -

1　器にアイスクリームを盛り
　　付ける。
2　20gのコーヒー豆をエスプ
　　レッソ挽きにし、40〜42g
　　の液体を抽出する。
3　エスプレッソを、アイスク
　　リームを溶かすようにかけ
　　る。

Miki's Voice

アイスクリームはバ
ニラがスタンダード。
ストロベリーやチョ
コレートもおすすめ
です。

#12

エスプレッソトニック

Espresso Tonic

Recipe

中煎りのコーヒー…20g
　（エスプレッソ2ショット）
トニックウォーター 160ml
氷…適量

1 　20gのコーヒー豆をエスプ
　　レッソ挽きにし、40〜42g
　　の液体を抽出する。
2 　グラスに氷、トニックウォ
　　ーターを入れる。
3 　氷に当てるように、静かに
　　エスプレッソを注ぎ、層を
　　作る。

Miki's Voice

トニックウォーター
はスパイシーで甘み
があります。見た目
も涼やかで、夏にぴ
ったり合います。

#13

カフェモカ
Cafe Mocha

Recipe

中煎りのコーヒー…20g
（エスプレッソ2ショット）
牛乳…240g
チョコレート…15g
ココアパウダー…適量

- -

1 チョコレートを細かく刻み、
  飾り用に少量残して、温め
  たカップに入れる。

2 20gのコーヒー豆をエスプ
  レッソ挽きにし、40〜42g
  の液体を抽出する。

3 牛乳をスチームし、約65
  度に温める。

4 温めたカップにコーヒー、
  牛乳の順で注ぎ、最後に飾
  り用チョコレートをかける。

── Miki's Voice ──

エスプレッソとチョ
コレートのハーモニ
ーが見事。後味にチ
ョコが香ります。大
人の味になるビター
チョコがおすすめ。

#14

オレンジカフェモカ

Orange Cafe Mocha

Recipe

中煎りのコーヒー…20g
　　（エスプレッソ2ショット）
チョコレート…15g
牛乳…240g
オレンジの皮…1片

- -

1　20gのコーヒー豆をエスプ
　　レッソ挽きにし、40〜42g
　　の液体を抽出する。

2　刻んだチョコレートを加え、
　　よく混ぜる。

3　オレンジの皮を搾りながら
　　牛乳に加え、スチームし
　　65度に温める。

4　オレンジの皮を取り除き、
　　2に注ぐ。

Miki's Voice

オレンジの香りが心
地よい飲み物です。
オランジェットを連
想する味わいです。

#15

アップルサイダーラテ
Applecider Latte

Recipe

アップルサイダーシロップ
    リンゴジュース…15ml
    グラニュー糖…5g
    はちみつ…5g
    クローブ…1個
    八角…1/2個
    シナモンスティック…1/3個
中煎りのコーヒー…20g
    （エスプレッソ2ショット）
リンゴバター…8g
牛乳…240ml
ピンクペッパー…3粒

- -

1 アップルサイダーシロップ
  の材料をすべて鍋に入れ、
  砂糖を溶かし、茶こしでこ
  し、スパイスを取り除く。

2 20gのコーヒー豆をエスプ
  レッソ挽きにし、40〜42g
  の液体を抽出する。

3 カップにリンゴバター、ア
  ップルサイダーシロップ、
  エスプレッソを注ぎ、よく
  混ぜる。

4 牛乳をスチームで約65度
  に温めカップに注ぎ、ピン
  クペッパーをかける。

— Miki's Voice

秋から冬の季節にぴ
ったりで、とにかく
体が温まり、ホッと
する飲み物です。

#16

エスプレッソマンダリンスカッシュ

Espresso Mandarin Squash

Recipe

マンダリンオレンジの
　　ドライフルーツ … 8g
グラニュー糖 … 8g
お湯 … 15g
中煎りのコーヒー … 20g
　（エスプレッソ2ショット）
炭酸 … 120ml
氷 … 適量

- -

1　マンダリンオレンジのドラ
　　イフルーツ、グラニュー糖、
　　お湯を小鍋に入れ、2〜3
　　分火にかけてグラニュー糖
　　を溶かし、冷やします。

2　20gのコーヒー豆をエスプ
　　レッソ挽きにし、40〜42g
　　の液体を抽出する。

3　グラスに1のシロップ、氷、
　　炭酸を入れる。

4　氷に当てるように、静かに
　　エスプレッソを注ぎ、層を
　　作る。

Miki's Voice

夏にスッキリと飲め
るドリンクで、プル
プルになったドライ
フルーツがアクセン
トに。柑橘系とコー
ヒーの相性のよさが
よくわかります。

Latte
Art at
Home

家庭で楽しむ
ラテアート

カプチーノなどの表面に
ミルクで絵を描くラテアート。
コツを覚えて披露すれば
おうちカフェがさらに
楽しくなりますよ。

用意する道具

Espresso Machine
エスプレッソマシン

ラテアートにミルクを泡立てるスチーマー付
きのモデルがおすすめ。パワーが足りないと
一気にミルクが混ぜられない場合もある。

Macchinetta
マキネッタ

直火にかけて沸騰したお湯の蒸気圧でエスプ
レッソを抽出。ただし2気圧ほどなのでクレ
マはできない。

French Press
フレンチプレス

温めた牛乳を入れてプランジャーを上下させ
ることで、きめの細かいフォームドミルクが
作れる。

Milk pitcher
ミルクピッチャー

注ぎ口が嘴のように尖ったステンレス製のも
のがおすすめ。使用するミルクの倍の量が入
るサイズを選ぼう。

ラテアートを作るとき、ま
ず準備するのがエスプレ
ッソ。家庭にエスプレッ
ソマシンがない場合はマキネッタで
淹れることもできます。クレマ(泡)
はできませんが、オイル感のある濃
厚なコーヒーが淹れられます。

ハートやリーフなどの絵はフォー
ムドミルク(泡立ったミルク)で描き
ます。エスプレッソマシンの場合は、
ミルクを泡立てながら温めるスチー
マーが付いていますが、マシンがな
い場合は、市販のハンディタイプの
ミルクフォーマーのほか、フレンチ
プレスで作ることもできます。手動
のほうが、泡がきれいにできるので
おすすめです。プランジャーを上下

にシャカシャカ動かして、好みの泡
を作ってください。

手始めに液面に丸を描くことから
練習しましょう。カップは、底に丸
みがあって飲み口の広いものが初心
者にはおすすめです。

ミルクピッチャーの動かし方に慣
れてきたら、さまざまなラテアート
に挑戦してみましょう。

Espresso Machine

1 空気を巻き込む

ミルクを入れたピッチャーに、ノズルが1cmくらい浸かるように差す。スイッチを入れ、空気を巻き込ませる。

2 ミルクを倍に

ノズルをピッチャーの縁近くに当てる。ミルクが横周りに回転し、キメが整い、泡立ちやすい。ミルクの量が倍になり熱くなったらノズルをはずす。

3 空ぶかしをする

マシンのノズルを専用の布で拭き、空ぶかしして中のミルクを出す。中をキレイにしておく。

French Press

1 牛乳を入れる

65度前後に温めた牛乳を、スケールにのせたフレンチプレスの中に入れ、100ml入れてフタをする。

2 攪拌する

手で上から押さえながらプランジャーを上下させる。ミルクが攪拌されて、ボリュームが増え、きめ細かい泡ができたらできあがり。

3 別の容器に入れる

フタをはずしてフォームドミルクを別の容器（ミルクピッチャーなど）に入れてなじませる。

Challenge Latte Art

ラテアートに挑戦！

ハート

|

Recipe

エスプレッソ…20g
フォームドミルク…150ml

---

1 エスプレッソをカップに抽出する。

2 泡立てたフォームドミルクを注ぐ。最初は高い位置から勢いよく入れ、ミルクが浮かんできたら丸を描く。

3 ハートにするには、最後に中央を縦断させる。最初は丸を上手に描けるように練習して、徐々にハートを作るとよい。

— Miki's Voice —

ハートは最も基礎的な絵柄です。シンプルなだけに奥が深く、ピッチャーの振り方や液面に近づけるタイミングで絵柄のサイズやハートの形が変わります。注ぐ感覚を身につけ、他の絵柄にもチャレンジしましょう。

1 ミルクを注ぐ

エスプレッソの入ったカップを手前に傾け、高い位置からフォームドミルクを注ぎ始める。

2 ミルクは勢いよく

ミルクは、エスプレッソの底に潜りこむように勢いをつけて注ぐ。徐々に液面が上がってくる。

3 液面を手前に

液面が上がってきたらミルクピッチャーの注ぎ口を液面に近づけて、白く浮くまで待つ。

4 ピッチャーを振る

ミルクが表面に浮かんだら、カップを起こしつつピッチャーを軽く左右に振り、液面の丸を大きく広げる。

5 手前から奥へ

ミルクピッチャーの先端で丸の中央を手前から奥へ縦断させてハートの形を作る。タイミングを見ながら焦らず行うこと。

6 スッと離す

縦断させたピッチャーを斜めに上げながら、ミルクの最後をスッと離せば、きれいなハートが完成。

Challenge
Latte
Art

ラテアートに挑戦！

リーフ

Recipe

エスプレッソ…20g
フォームドミルク…150ml

1 エスプレッソをカップに抽出する。

2 泡立てたフォームドミルクを注ぐ。最初は高い位置から勢いよく入れ、ミルクが浮かんできたらピッチャーを左右に細かく振ってリーフを作る。

3 最後に中央を縦断させる。

— Miki's Voice —

細かく早く振ると繊細なリーフになり、大きくゆっくりと振ると丸みのあるリーフができます。リーフはモチーフのなかでも基本の注ぎ方で、バリエーションを作ることができます。いろいろなリーフに挑戦してみましょう。

1 ミルクを注ぐ

エスプレッソの入ったカップを手前に傾け、液面から高い位置からフォームドミルクを注ぎ始める。

2 ミルクは勢いよく

スプレッソの底に潜りこむようにミルクを勢いよく注ぐ。ピッチャーの位置を下げると勢いがつく。

3 ピッチャーを近づける

ミルクが浮き上がってきたら、ミルクピッチャーの注ぎ口を中央より少し奥のほうの液面に近づける。

4 細かく振る

ミルクが表面に浮かんだら、カップを起こしつつピッチャーを細かくリズミカルに左右に振ってリーフを作る。

5 振り幅を小さく

外側の柄がカップの縁に沿って広がってきたら左右へ振る動作を徐々に小さくして手前に後退する。

6 手前から奥へ

手前から奥へピッチャーを縦断させて、ミルクの最後をスッと離せば、きれいなリーフ模様が完成。

Challenge Latte Art

ラテアート作品集

ハートやリーフは
ラテアートの基本の形。
少しアレンジをプラスした
クマやチューリップなどを
ご紹介しましょう。

かわいい図柄がコーヒーの
表面に浮かび上がり、見
ていて思わずほっこりで
きるのが、ラテアート最大の魅力で
す。ハートやリーフが描けるように
なったら、丸を追加してチューリッ
プにしたり、ピックを使ってクマの
顔を描いたりと、ワンランク上のア
ートにも挑戦してみてください。

　なかなかうまくできないときは、
ラテアート用のステンシルを使って
もいいですね。コーヒーが入ったカ
ップにステンシルをのせて、上から
パウダーを注げば、簡単にラテアー
トが作れます。お子さんにもできる
ので、家族で楽しくラテアートが作
れます。

1

2

3

1 | Heart in heart

ハートインハート

大きな丸の手前に小さな丸を描き、中に押し込むようにしてミルクを注ぐ。大きな丸の中央まで押し込んだら縦に線を引く。

2 | Tulips

チューリップ

中くらいの丸を作り、少し奥に押すようにしてミルクを引き上げる。手前に小さな丸を浮かべて、2つ目の丸から奥の丸を貫くように線を引く。

3 | Heart and leaf

ハートとリーフ

リーフをカップの端に1つ作り、その傍らに小さなハートを2つ飛ばす。2つの図柄のバランスに気をつける。

4 | Bear

クマ

大きな丸の中に小さな丸を押し込むようにミルクを注ぎ輪郭を作る。スプーンで泡を取り、耳を作り、ピックでクレマを取り目や口などを描く。

5 | Snowman

雪だるま

大きな丸の中に小さな丸を押し込むようにミルクを注ぎ、最後は手前に引いて角を出す。ピックで帽子、目、口、ぼたん、手袋などを描く。

6 | Stencil

ステンシル

コーヒーの入ったカップにハロウィン柄のステンシルをのせて、濃い色のパウダーなどを振りかける。ステンシルを取り除けば完成。

Blending Coffee Beans

ホームブレンドに挑戦して 好きな味を見つけよう

豆の個性がわかってきたら、
テーマを決めて配合を試し、
自分だけのオリジナルの味わいを
探しましょう。

豆の個性がストレートに味わえるのがシングルオリジンのコーヒーだとすると、ブレンドコーヒーは味わいのイメージを決め、豆の個性を生かしつつ調和のとれた味わいを作りあげます。豆を混ぜ合わせるだけですが、どんな豆をどのくらいの配合で、どんな目的のために混ぜるのか、クリエイティビティが発揮される作業です。しかし、家庭でも簡単に挑戦できます。好みの味わいを追求したいという方は、ぜひチャレンジしてみてください。

とはいえ、むやみに豆を混ぜても美味しいブレンドにはなりません。

合わせるコーヒーの味わいや特徴を考えながら、どれとどれを、どのぐらいの割合で合わせたら、どんな味わいになるのか、考えながらすすめるといいでしょう。

最初から何種類もの豆を使うと混乱するので、ビギナーの人はまずベースとなる豆を決めて、そこにプラスする豆を1種類、計2種類の豆を使い、総量に対して7：3を目安に始めてください。20gならシンプルに14g：6g。そこから6：4にしたり、割合を逆にしたりと、調合を変化させて、味をチェックします。抽出でブレが出ないよう、フレンチプレスで淹れて試飲するといいでしょう。

ホームブレンドの基本

1 | ベースとなる
豆を決める

ビギナーは、ブラジル、コロンビア、グアテマラなどバランスの取れた中性的な味わいの豆をベースにすることがおすすめ。

2 | ブレンドは
2種類から始める

ベースの豆にどんな味をプラスしたいかを考えて、2種類目を決める。割合も7：3、6：4などを試してみる。慣れてきたら豆の種類を増やしてもいい。

3 | 焙煎した豆を使い、
重さを量ってブレンドする

挽いてしまうと均一に混ざりにくいので、焙煎した豆の状態でブレンドする。毎回スケールで重さを量れば、ブレンドするごとに味わいのブレが出にくくなる。

4 | フレンチプレスで
抽出する

試飲するとき抽出結果が一定になりやすいよう、ドリッパーではなく、フレンチプレスで抽出しよう。

Introducing Blend Beans

おすすめの ブレンドをご紹介!

実際にお店でも提供している
ブレンドコーヒーのレシピを紹介します。
上達してきたら、
自分なりのレシピを考案してもいいでしょう。

— Mocha —

モカブレンド

華やかな香りと味わいが特徴のエチオピア
をベースに、豊かな酸味のコスタリカをプ
ラス。上質な「モカブレンド」になります。

3割	7割
コスタリカ	エチオピア

— Dulce —

ドゥルセ（浅煎り）

酸味の強いコスタリカの浅煎りと、酸味と
甘みのバランスがいいボリビアを合わせ、
クリアで甘みを伴った爽やかな味わいに。

4割	6割
ボリビア 浅煎り	コスタリカ 浅煎り

— Deep roast —

深煎りブレンド

ベースは香り豊かでコクのあるグアテマラ
の深煎り。ケニアで華やかさ、エルサルバ
ドルで甘さが生まれ、心地よいビター感の
力強い味わいになります。

エルサルバドル 深煎り

2割	2割	6割
ケニア 深煎り		グアテマラ 深煎り

— Cremoso —

クレモーソ

バランスのいいグアテマラを中深煎りにし
た、クリーミーでしっかりした質感を感じ
られるブレンド。酸味は控えめで、チョコ
レートやキャラメルの味わいが楽しめます。

ボリビア 深煎り

1割	3割	6割
ブラジル 中煎り		グアテマラ 中深煎り

お店ごとの定番ブレンドを味わって

　コーヒー専門店などで「ブレンド」として飲むことのできるショップオリジナルブレンド。お店の名前がついていたり、季節やイベントに合わせて作られていたり、とさまざまな種類があります。

　ブレンドは、多くの人の好みに合う味になっていて、バランスよく作られています。初めて行ったお店では、まずブレンドをおすすめしてくれるところもあります。

　お店の定番ブレンドは、いつでも同じ味わいである必要があります。季節によって仕入れられる豆の種類は変わってきますが、同じような味になるように、味の再現性を大切にして作られます。また、最近は季節ごとに出されるシーズナルブレンドも豊富で、クリスマスやバレンタインなどは、そのときのスイーツと合うように考えられています。

　単一銘柄だけでなく、自宅やお店でブレンドの味わいも楽しんでみてください。

バリスタはコーヒーの翻訳家?

スペシャルティコーヒーの人気とともに広がった"バリスタ"という職業。その語源はイタリア語の"バーテンダー"だといわれ、もともとは「バーでサービスをする人」という意味です。イタリアのバー(bar バールともいう)では、お酒もコーヒーも提供するのが一般的で、朝や昼間は、大勢の人がエスプレッソを飲みに立ち寄り、甘味と苦味たっぷりのエスプレッソでエナジーチャージします。こうしたイタリアのコーヒー文化が、やがて全世界に広がり、コーヒーの抽出・サービスに特化したバリスタが増え、コーヒーのスペシャリストという認識に変化しました。

現在、日本では、バリスタといえば、コーヒー専門店などでコーヒーやエスプレッソを作って提供する人として認識されています。コーヒーは、飲み手の前に現れたときは、茶色の液体でしかありませんが、豆はどんな品種でどの国の誰の手で育てられたのか、焙煎度合いや抽出方法の工夫など、コーヒーの背景や由来を知れば、味の違いにつながり、奥深い体験へといざなってくれます。

こうした情報を飲み手に伝えることこそ、実はバリスタの大事な役割なのです。たった1杯のコーヒーの向こうに広がる、豊かな物語を詳細に語れるバリスタは、コーヒーの味わいを翻訳し飲み手に感動を与える"翻訳家"だといえるでしょう。知識豊富なバリスタに好みに応じたコーヒーを淹れてもらい、至福のコーヒー体験の一歩を始めましょう。

6 Chapter

Enjoy Coffee with Foods

コーヒーをもっと楽しむ フードペアリング

Enjoying Food Pairing

フードペアリングで コーヒーを楽しむ

相性のいい食べ物があると
コーヒーだけを飲むときには
気づかなかったコーヒーの
特徴を発見するなど、
味わいが深まります。

「フードペアリング」とは食材を組み合わせることで、単体で味わう以上の食体験となる食材の組み合わせで、"ワインとチーズ"のように、飲み物と食材の味や香りが相乗効果を生み、最適な食べ合わせになることをいいます。

コーヒーと相性のいい組み合わせを探す方法のなかでも、初心者におすすめなのが、酸味のあるコーヒーに果物系の食材を合わせるといった、味わいの系統を揃える方法です。それぞれの味わいを生かす食べ物を選ぶと、味わいが増幅され、1＋1が3以上になるような、単体で味わう以上の食体験ができます。

味わいの方向が合っていないと、コーヒーが個性を失ってしまうこともあります。たとえば、酸味のある華やかなコーヒーには、味わいの強いチョコレートケーキを合わせると、コーヒーが負けてしまい、コーヒー本来の味わいが感じにくくなります。この場合は甘さに負けないしっかりとしたボディのあるコーヒーを合わせるといいでしょう。

また、酸味のあるコーヒーといっても、細かく見ると、柑橘系、ベリー系など種類は多彩です。酸味の方向性を合わせることで、さらにベストマッチな組み合わせを見つけることができます。

1 コーヒーの味わいを知る

コーヒーには、酸味のある爽やかな味、苦味のあるコクのある味などがあるので、まずコーヒー自体の味を確認する。味わいは、生産国、豆の品種、焙煎度合いなどからわかる。P50で紹介したフレーバーホイールも参考にしながら確認を。

2 コーヒーとフードの味の方向性を揃える

コーヒーの味に合わせて、同じ系統のフレーバーを持つお菓子やフルーツ、食材を選ぶと相乗効果が楽しめる。

3 さらなるベストマッチは酸味の質をチェック

柑橘系の爽やかな酸味やトロピカルフルーツのような熟した甘みのある酸味など、印象が違う酸味があります。酸味の種類によってペアリングを考えよう。

— Miki's Voice —

ペアリングにはさまざまな考え方があります。今回はコーヒーを主役においた組み合わせ方を紹介します。味わいが増幅され、単体では気づかなかったコーヒーの魅力を発見することも、ペアリングの楽しみです。

Enjoying Food Pairing

コーヒー別 フードペアリング

ケニア産

「ケニア産」のコーヒーは ワイン感覚でペアを探す

ジューシーな味わいは
幅広い食べ物と
相性がいいんです。

ケニアはユニークなコーヒーを作る生産国のひとつです。「ベリーのよう」「赤ワインのよう」「紅茶のよう」などと表現されるように、ほかの国にはないジューシーで香り高いコーヒーが作られます。果実を思わせる酸の質で、ボリュームもあるため、いろいろな食べ物とのペアリングが楽しめます。「赤ワイン」と表現される味わいもあり、ワインと相性がいいチーズやドライフルーツ、生ハムなどが不思議と合います。焙煎度合いは「中煎り」から「浅煎り」がいいでしょう。

2

3

↙

4

↖

1 | Cheese Mimolette

チーズ ミモレット

ハードタイプのオレンジ色のチーズで、それほどクセはない。コーヒーによって口が温められ、チーズの香りが口の中に広がり、後味にかけてコーヒーの酸味と味が重なっていくような印象になる。

2 | Dried Fruit

ドライフルーツ

レーズン、イチジク、ドライマンゴー、バナナなど、果物の自然な甘味がコーヒーの甘味を補い、よりジューシーなフルーツ感が感じられる。トロピカルフルーツのイメージがより鮮明になる。

3 | Pate De Campagne

パテドカンパーニュ

豚肉やレバーをミンチにして型に詰めて焼き上げたもの。コーヒーと一緒に食べると、コーヒーによって口の中が温まり、肉の脂が溶けて、質感に厚みが増し、濃厚な肉の味わいが一層引き立つ。

4 | Raw Ham

生ハム

濃厚な塩気が特徴の生ハムは赤ワインと合うことでも知られるが、香り高いケニア産のコーヒーとも好相性。華やかな香りとともに旨みが口の中に広がる。

> **Miki's Voice**
>
> ケニアのコーヒーが、ペアリングの幅広さの可能性に気づかせてくれました。甘いものだけでなく、しょっぱいものまで幅広く、万能です。特に生ハムなどの肉類は、温められた口の中で油分とともに香りが広がり、新たな食の体験でした。

Enjoying Food Pairing

コーヒー別 フードペアリング

品種 ゲイシャ

華やかな「ゲイシャ」には
香りのよい食材をチョイス

華やかな香りの
食べ物を合わせることで
香りが増幅し、
至福の体験ができます。

個性が際立つゲイシャ。特徴は、なんといっても香水にもたとえられるフローラルで華やかなアロマです。味わいとしては、ベルガモットやレモンティーのような心地よい酸味があります。焙煎度合いは「浅煎り」から「中煎り」で、より花のようなアロマが楽しめます。華やかな香りの食材を合わせると、フレーバーの増強剤のように、相乗効果で素晴らしい体験が楽しめます。

意外なところでは、醤油を使ったみたらし団子やおせんべいもゲイシャに合います。焙煎されたコーヒー豆と醤油は、実は同じ方向性の成分が入っているといわれ、香ばしさで合わせると相乗効果が楽しめます。

1 , Sugar Bonbon

シュガーボンボン

砂糖でコーティングされた粒の中にシロップやリキュールが入っていて、口に含むとフルーティな味と香りが広がるシュガーボンボン。「香り×香り」でゲイシャの味わいを高めてくれる。

2 , Dried Fruit

ドライフルーツ

凝縮された天然のフルーツの甘味と酸味、香りが楽しめるドライフルーツ。ゲイシャの華やかな香りだけでなく、トロピカルフルーツの風味を感じやすい。

3 , Tea Cookies

紅茶クッキー

ダージリンやアールグレイなどの紅茶特有の味わいや香りがゲイシャの香りとあいまって、一層華やかな印象になる。

4 , Mitarashi Dumpling

みたらし団子

甘じょっぱいタレが特徴的なみたらし団子は、和菓子のなかでも独特の香ばしさがあり、ゲイシャに合う。

5 , Yuzu Rice Crackers

ゆずせんべい

柚子の柑橘系の爽やかさとほんのりと甘じょっぱい醤油の香ばしさがあいまったお菓子。酸味と香ばしさがゲイシャとの相性抜群。

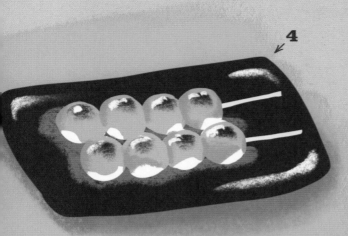

4

5

— Miki's Voice

繊細な味わいな分、合わせる食材によっては、その味わいが損なわれてしまうことも。単体で完成されているゆえに合わせるのが難しいコーヒーでもあります。

Enjoying Food Pairing

| コーヒー別 フードペアリング |
| 中米産 |

——

バランスのいい「中米産」のコーヒーはどんな食べ物とも相性よし

スイーツをはじめ、
サンドウイッチのようなしょっぱいもの
まで幅広いシーンにおすすめです。

パナマ、グアテマラ、ホンジュラス、コスタリカなど、中米といっても、それぞれの生産国、地域ごとに味わいは多彩です。共通して酸味の特徴が豊かで、ほどよいボディとなめらかな質感があり、全体としてバランスのいいコーヒーが多くあります。

そのため、中煎りの中米産コーヒーは、比較的いろいろな食べ物と合わせやすいコーヒーなので、柑橘系の酸味からあんこの甘味、コクのあるチーズなど、幅広いシーンで楽しめるコーヒーです。

1 | Ichiroku Tart

一六タルト

愛媛県産の柚子と白双糖を加えたこしあんをスポンジで巻いたお菓子。爽やかな柚子が香り、絶妙なハーモニー。飽きのこない味わいで、この柚子と中米の柑橘系の味わいがしっかりとマッチする。

2 | Gruyere Cheese

グリュイエールチーズ

チーズフォンデュにも使われているチーズ。コーヒーによって温められた口にチーズの香りとコーヒーの香りが広がり、余韻が長く感じられる。質感がなめらかで中米の柔らかなテイストと相性がいい。

3 | Cheesecake

チーズケーキ

レアチーズケーキやフロマージュ系の、クセのない、クリームチーズ系のケーキとの相性がいい。チーズのふわふわな食感と中米のなめらかな質感が好相性。

4 | Pork Terrine

豚肉のテリーヌ

豚肉やベーコン、玉ねぎ、パプリカなどで作るワイルドな味のテリーヌも、中米のコーヒーは受け止めてくれ、心地よいスパイス感とジューシーさが広がる。

> **Miki's Voice**
>
> 中米産の多彩な味わいのコーヒーには、質感に特徴があり、パカマラの品種など、なめらかな質感はチーズなどと合わせると際立ち、クリーミーさが心地よいです。

Enjoying Food Pairing

1

コーヒー別 フードペアリング

焙煎度合い 深煎り

「深煎り」コーヒーは苦味、コクのある食べ物とマッチ

深煎りの苦味だけでない
味わいに気づいたり、
余韻の心地よさが堪能できます。

深煎りのコーヒーには、魅力的な苦味とコクがあります。この味わいを生かすため、重厚感のある食材を合わせましょう。特にチョコレートやナッツがおすすめ。酸味のあるコーヒーだとチョコが勝ってしまい、コーヒーの味わいを感じることができないこともあります。しかし、深煎りのコーヒーを合わせることでチョコレートと味わいの系統、苦味の強度が揃い、よりコーヒーの個性を感じることができます。コーヒーでチョコが口の中で温まって溶け、質感のリッチさや余韻の長さが楽しめます。

1 | Chocolate Cake

チョコレートケーキ

ザッハトルテやチョコレートケーキは深煎りコーヒーとベストマッチ。コーヒーはほどよい苦味がケーキのチョコレート風味をより複雑に感じさせてくれる。

2 | Almond Chocolate

アーモンドチョコ

チョコレートとアーモンドの香ばしさが、コーヒーの香ばしさと重なる。チョコレートがコーヒーによって溶けて、チョコレートならではのなめらかな食感がコーヒーの質感と一体になり、厚みが増す。

3 | Nuts

ナッツ

コーヒーのフレーバーとしてナッツを感じることがあるが、食べ合わせることでそれが増幅される。ナッツの香ばしさや油分がコーヒーの余韻を長くする。

4 | Dorayaki

どらやき

どらやきの皮の持つ香ばしさとハチミツの甘さ、どっしりとしたあんこなどが、深煎りコーヒーの苦味と濃厚さとあいまって、コクや甘さが口の中に広がる。

> **Miki's Voice**
>
> 深煎りのコーヒーは、苦味やコク、ボディがあり、チョコレートを使用したスイーツとの相性がよく、余韻をゆっくりと長く楽しめるのが魅力です。

Enjoying Food Pairing

コーヒー別 フードペアリング

生産処理 ナチュラル

—

「ナチュラルプロセス」は甘い香りのスイーツに合う!

甘い果実の香りや、
ときに発酵のような香り。
ユニークな味覚体験を生み出します。

ナチュラルプロセスで生産処理した豆は、果肉がついたまま自然乾燥されます。そのため、果実感のある甘い香りとコクがあり、特徴的な味わいです。いちごのような香りや、ときに甘酒のような発酵系の香りがあり、熱狂的なファンが多い生産処理方法でもあります。

　個性的な味わいですが、このキャラクターを生かして食材と組み合わせます。たとえば、ベリー系の酸味と合わせても、発酵系の香りと合わせたあんぱんも、単体で味わう以上のユニークな体験を生み出します。

1 | Strawberry Shortcake

イチゴのショートケーキ

イチゴの甘ずっぱいベリー感、酸味と香り、生クリームのふわふわした食感が、コーヒーと合わさることで、より一層厚みが感じられる。味わいの方向性が揃い、後味にふわふわとベリーの印象が続いていくような体験が楽しめる。

2 | Mame Daifuku

豆大福

豆大福の豆部分に少し塩けがあるところが相性をよくする。甘さが強いとコーヒーが負けてしまい、単調な味わいになってしまうが、塩のアクセントがあることで濃厚かつナチュラルな香りが際立つようになる。

3 | Baked Cheesecake

ベイクドチーズケーキ

バスクチーズケーキなど濃厚なチーズ感のあるチーズケーキが合う。熟した果実のような味わいが、濃厚なチーズの香りと合わさり、発酵系の心地よい香りとして広がる。厚みのある口当たりが、余韻として続いていく。

4 | Anpan

あんぱん

粒あんのあんことの相性がいい。こしあんの場合は甘味が強くなるが、それでもパンがバランスを合わせてくれるので、コーヒーと合わせやすくなる。桜の塩漬けをのせたあんぱんの塩けもいいアクセントになるので、こちらもおすすめ。

Miki's Voice

桜の塩漬けともベストマッチ。春には桜あんぱんや桜のジェラートも味わいが増幅され、口の中にさまざまなフレーバーが広がります。

Enjoying Food Pairing

コーヒー別 フードペアリング

インドネシア産

—

スパイシーさが特徴の
「インドネシア産」は
ボディと香りで合わせる

普段、コーヒーと
合わせることのないものが
意外と合うんです。

ス マトラ島で栽培されるマ
ンデリンやスマトラなど
のコーヒー豆は、力強い
ボディとビターキャラメルやカカオ、
シガーを思わせます。長い余韻が楽
しめるコーヒーが多いです。こうし
た特徴から考えて、普段はコーヒー
と合わせることが少ない、カレーパ
ンとも相性は抜群で、スパイスが香
ります。ほかにも、濃厚な味わいの
あるチョコレートやかりんとうなど
も、インドネシアの苦味と重厚感の
ある味わいに揃います。口の中で味
わいが変化していくさまが楽しめる
ペアリングです。

1 — Curry Bread

カレーパン

特にスパイスを効かせた本格カレーのカレーパンがおすすめ。スパイスの香りが後口に広がり、一口また一口と食べ進めたくなる味わい。

2 — High Cocoa Chocolate

カカオ含有率の高いチョコレート

やや苦味の強いチョコレートの味わいが、ビターキャラメルのようなインドネシアのコーヒーと相乗効果となって、カカオの複雑な味が紐解かれていくかのような心地よい余韻が楽しめる。

3 — Karinto

かりんとう

独特のコクのある黒糖の甘さが、まったりと重厚なインドネシアのビターな味わいとマッチして、互いに主張し合いながら相乗効果を発揮。

4 — Hot dog

ホットドッグ

ジューシーなソーセージと、マスタードのスパイス香るホットドッグ。コーヒーと合わせることで、肉の油分が広がり、ハーブのような印象も楽しめる。

— Miki's Voice

インドネシア産コーヒーのペアリングは、余韻の印象が特徴的です。ゆっくりと時間をかけて楽しみたい体験です。

Coffee Glossary

あ

アラビカ種

コーヒーの約50％以上を占める品種。乾燥や害虫に弱く、栽培が難しい。スペシャルティコーヒーのすべてがアラビカ種で、ブルボンやティピカ、モカ、ブルーマウンテンなどがある。
→ P30

え

エアロプレス

浸漬式と加圧式のハイブリッド。注射器のように圧をかけて抽出する。
→ P76

エスプレッソ

加圧式の方法。高気圧をかけて短時間で抽出する。濃度が濃く、カフェラテなどのアレンジがしやすい。
→ P74、76

か

加圧式

粉に圧力をかけて、20〜30秒という短い時間で成分を抽出する。代表的なものがエスプレッソで、濃縮された味が特徴。家庭用のエスプレッソマシンもある。
→ P74

カッピング

コーヒーのテイスティングを行い、品質チェックや味覚審査を行う。カップテストともいう。
→ P16、48、66

カップ・オブ・エクセレンス（COE）

その年に生産されたコーヒー豆の国際品評会。生産国ごとに行われる。入賞したロットはインターネットオークションで販売される。
→ P33

カネフォラ種

病気や害虫に強く、1本の木からの収穫量も多い品種。インスタントコーヒーやブレンドコーヒー、缶コーヒーなどにも使われる。ロブスタとも呼ばれる。
→ P30

カフェイン

コーヒーに含まれる成分。中枢神経を刺激し、脳の働きを活性化する。疲労感の軽減や胃液の分泌を促進する。
→ P72

き

金属フィルター

金属のメッシュでできたドリッパー。台形型と円錐形型があり、金属メッシュの部分の形にはさまざまな種類がある。→ P116

く

グレーディング

産地の標高、豆のサイズ、欠点数、カップ（コーヒー液）などにより行われるコーヒーのランク付け。スペシャルティコーヒー、プレミアムコーヒー、コマーシャルコーヒー、ローグレードコーヒーに分けられる。
→ P24

クロロゲン酸

コーヒーに含まれる成分。膵臓の働きを高めたり、カラダの中の炎症を抑えたり、酸化を予防したりする。
→ P72

け

ゲイシャ

1931年でエチオピアで発見された品種。2004年に「ベスト・オブ・パナマ」に出品され、史上最高値をつけた。日本でも人気のコーヒー豆。
→ P31

こ

コーヒーサーバー

一度に何杯も淹れるときに使用。抽出したコーヒーを受ける。メモリがついたガラスのものは、抽出量が把握できる。
→ **P80**

コーヒーチェリー

コーヒーノキになる実。熟すと赤くなり、種子を取り出して生豆にする。
→ **P14**

コーヒーノキ

アカネ科コフィア属の常緑樹。コーヒーの果実がなる。
→ **P14**

コーヒーミル

コーヒー豆を挽く器具。コニカル式、フラット式、プロペラ式などの種類がある。グラインダーとも呼ばれる。
→ **P86**

さ

サイフォン

浸漬式。フラスコとロートを組み合わせて、高温短時間で抽出する。
→ **P77**

し

浸漬式

お湯に粉を漬け込んでコーヒーの成分を抽出する。代表的な淹れ方がフレンチプレス。淹れ手による味のブレが少ない。
→ **P74**

す

スペシャルティコーヒー

1970年代にアメリカで始まった、コーヒーのランクのトップになるコーヒー。カッピングのスコアが100点満点のうち80点以上。個性的な風味を持つ。

→ **P24**

て

デカフェ

カフェインを取り除いたコーヒー。カフェイン除去作業には、スイス式水抽出法と超臨界CO_2抽出法がある。
→ **P70**

と

透過式

お湯にコーヒーの粉を透過させることで、コーヒーの成分を抽出する。代表的な淹れ方がペーパードリップ。ドリッパーの種類によってコーヒーの味が異なり、淹れる人の技術が必要になる。
→ **P74**

ドリッパー

ペーパードリップの際に使う。円錐形型はカリタウェーブやケメックス、ハリオV60透過ドリッパー、コーノ、ORIGAMIドリッパー。台形型にはメリタ1つ穴、カリタ3つ穴がある。
→ **P78**

トレーサビリティ

生産情報が追跡可能であること。スペシャルティコーヒーなどに求められる。
→ **P25**

な

生豆（なままめ・きまめ）

コーヒーチェリーから種子を取り出し、生産処理したもの。ナチュラル（自然乾燥式）とウォッシュト（水洗式）、パルプトナチュラル（半水洗式）がある。
→ **P16**

は

焙煎

生豆を煎って加熱し、味と香味を引き出すこと。ローストともいう。深煎り、中深煎り、中煎り、浅煎りなどがあり、焙煎が進むほど色が濃くなる。

→ **P26**

バリスタ

客からの注文を受けてエスプレッソなどのコーヒーを淹れる職業の人。豆の選定や挽き方、使用する機材の調整などを行う。
→ **P59**

ハンドドリップ

自分でお湯を注いでコーヒーを淹れること。ペーパードリップ、ネルドリップ、金属フィルターなどがある。
→ **P82、96**

ふ

フードペアリング

食材と組み合わせること。コーヒーの品種や焙煎度などによって、相性のいい食材がある。
→ **P174**

フォームドミルク

泡立ったミルク。ラテアートを楽しむときに使用。
→ **P160**

フレンチプレス

浸漬式の方法。器具の中に粉を入れ、お湯を注いでプランジャーを押し下げるだけと味のブレが少ない。コーヒーオイルが抽出でき、豊かな香りが特徴。
→ **P74、76**

ブレンドコーヒー

2種類以上の豆を混ぜ合わせ、酸味やコクなどのバランスをアレンジしたコーヒー。お店によってさまざまな味が楽しめる。
→ **P168**

へ

ペーパードリップ

ペーパーフィルターを使用した透過式の抽出方法。手入れが簡単でリーズナブル。ドリッパーにはさまざまな形状があり、抽出されるコーヒーの味わいも変わる。
→ **P74**

ペーパーフィルター

ペーパードリップで使用。ドリッパーの形状に合わせて使用する。
→ **P80**

ま

マキネッタ

加圧式。直火にかけて抽出し、濃縮した味が楽しめる。イタリアの家庭では一般的に使われている。
→ **P76**

ら

ラテアート

エスプレッソにスチームドミルクを注いで絵を描く。
→ **P160**

り

リキッドコーヒー

抽出したコーヒーをボトルインしているので、そのままグラスなどに注いで飲める。ミルクなどでアレンジもしやすい。
→ **P63**

リブ

ドリッパーの内側の溝。ドリッパーの種類によって溝の形状が異なり、コーヒーの味わいも異なる。ドリッパーとペーパーの間に空気の通り道を作る。
→ **P78**

株式会社丸山珈琲

軽井沢本店
長野県北佐久郡軽井沢町軽井沢1154-10
0267-42-7655

丸山珈琲　小諸店・焙煎工場
長野県小諸市平原1152-1
0267-31-0075

協力
AWABEES
UTUWA
TITLES

鈴木 樹（すずき みき）

神奈川県出身。株式会社丸山珈琲商品企画開発部長。2008年、丸山珈琲入社。2009年よりジャパン・バリスタ・チャンピオンシップ（以下JBC）に挑戦。2010年初優勝し2011年の世界大会であるワールド・バリスタ・チャンピオンシップ（以下WBC）にて5位入賞。同年JBCにおいて当時の史上初となる2連覇を成し遂げ、2012年の世界大会WBCにて4位入賞。その後も国内大会で入賞を続け、2016年にはJBCにて史上初となる3度目の優勝を飾り、2017年の世界大会WBCにおいて準優勝をおさめる。

本文デザイン	横山曜 竹内瑠奈（細山田デザイン事務所）
イラスト	市村譲
撮影	井手勇貴
スタイリング	古瀬絵美子
執筆協力	合津玲子・倉地譲
編集協力	野秋真紀子 山角優子（ヴュー企画）
校正	聚珍社

淹れる・選ぶ・楽しむ
コーヒーのある暮らし

監修者	丸山珈琲　鈴木樹
発行者	池田士文
印刷所	日経印刷株式会社
製本所	日経印刷株式会社
発行所	株式会社池田書店 〒162-0851 東京都新宿区弁天町43番地 電話　03-3267-6821(代) 振替　00120-9-60072

落丁・乱丁はお取り替えいたします。
©K.K. Ikeda shoten 2020, Printed in Japan
ISBN978-4-262-13056-9

21015502